从零开始学

股票分时图

炒股入门与实战技巧

龙飞 编著

人民邮电出版社

北 京

图书在版编目（CIP）数据

从零开始学股票分时图：炒股入门与实战技巧：图解强化版 / 龙飞编著. -- 北京：人民邮电出版社，2018.1
　ISBN 978-7-115-46538-2

　Ⅰ. ①从… Ⅱ. ①龙… Ⅲ. ①股票投资－基本知识
Ⅳ. ①F830.91

　中国版本图书馆CIP数据核字(2017)第175961号

内 容 提 要

　　本书通过解读分时图盘面，分析开盘、盘中、尾盘的分时图形态。结合K线图，利用分时图形态研判分时图上的买入、卖出形态，寻找买入、卖出信号，解读分时图盘口，帮助投资者快速精通分时图。全书采用文字加图解的方式，结合实战案例，帮助投资者掌握分时图技巧。

　　本书结构清晰，案例丰富，实战性强，不仅适合刚入门的股票投资者学习使用，还可以作为证券、投资等公司用于培训、指导客户的教材。

◆ 编　著　龙　飞
　　责任编辑　恭竟平
　　执行编辑　马　霞
　　责任印制　周昇亮

◆ 人民邮电出版社出版发行　　北京市丰台区成寿寺路 11 号
　　邮编　100164　　电子邮件　315@ptpress.com.cn
　　网址　http://www.ptpress.com.cn
　　北京天宇星印刷厂印刷

◆ 开本：700×1000　1/16
　　印张：15.75　　　　　　　　　2018 年 1 月第 1 版
　　字数：308 千字　　　　　　　2025 年 11 月北京第 23 次印刷

定价：39.80 元
读者服务热线：(010)81055296　印装质量热线：(010)81055316
反盗版热线：(010)81055315

■ 写作动因

本书是《7天学会股票分时图：炒股入门与实战技巧》的升级版，通过10章主题内容、多张清晰图片，全方位介绍分时图的各种方法和技巧。

本次升级增加了分时图成交量、K线、利用形态研判行情、分时图上的买入形态、分时图上的卖出形态等实战技巧，并对书中所有的图片和案例进行更新，增强本书的实战性，帮助读者彻底透析分时图，把准获利点，解析分时行情，把脉趋势演变、洞悉分时量变，确定买卖点、读懂分时盘口，探知未尽行情。

■ 主要特色

【知识精简，结构清晰】

本书精挑细选了股票投资中与分时图相关的最实用的方法和技术进行重点讲解，知识体系非常系统，一招一式来自大量实战，帮助读者轻松读懂分时盘口。

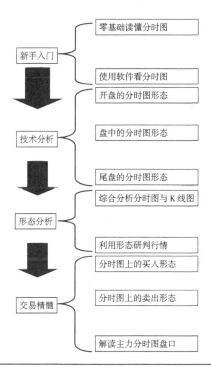

【案例实用，全程图解】

在写作上，本书运用了丰富的图例对理论知识进行辅助说明，读者若对理论知识感到枯燥，可以从图例中体会到分时图的神秘和乐趣，提高分时图分析技术，进而获得投资收益。举例如下。

- 在股价上涨时追高买入，此时买入的位置较高，但是风险相对较小，如图8-3所示。

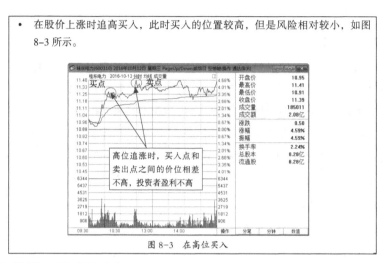

图8-3　在高位买入

【手机炒股，随时随地】

目前市场上大部分图书的内容都是针对电脑版的，"手机炒股"的书极少，本书对手机看K线图的应用技巧讲解非常全面，介绍了在手机中查看指数K线图、个股K线图以及股票盘口信息等方法，帮助读者随时掌握股市动态。

图2-66　设置K线周期

图2-70　切换至走势图界面

■ 学习本书的注意事项

股票投资的技巧和方法不计其数，本书罗列的技术和方法比较全面，股民不需要全部掌握，可有针对性地挑选几种技术深入学习并不断总结，在实战中进行综合运用即可达到很好的效果。

读者在阅读中还应结合实际情况灵活变通，举一反三，养成勤思考的好习惯，形成良好的归纳总结能力。

■ 作者售后

本书由龙飞编著，参与编写的人员还有苏高、刘胜璋、刘向东、刘松昪、刘伟、刘嫔、卢博、周旭阳、袁淑敏、谭中阳、杨端阳、李四华、王力建、柏承能、刘桂花、谭贤、谭俊杰、徐茜、柏慧等人。由于作者知识水平有限，书中难免有错误和疏漏之处，恳请广大读者批评指正。

Contents 目录

第1章
从零入门 零基础读懂分时图

学前提示

　　为了在股市中成功获利，投资者应该首先了解日 K 线中价格的运行情况，了解股价波动过程中的潜在波动幅度，而这一切的奥秘都藏在股票分时图中。因此，投资者必须读懂分时图，才能够更巧妙地追涨在价格底部并且杀跌在价格顶部，获得丰厚回报。

要点展示

　　>>> 认识分时图

　　>>> 分时图的关键术语

　　>>> 均价线走势分析

　　>>> 分时图中的成交量

1.1 认识分时图

分时图全称为分时走势图，与 K 线图类似，是记录股价运行变化的一种图表形式，而在整个分时图中，分时线占重中之重的地位。分时线就是将每分钟最后一笔交易的成交价在图表中用线段连接起来而得到的曲线。

在实战研判过程中，分时图有着重要的作用，它可以动态反映大盘和个股的实时走势。分时图分为大盘指数即时分时图和个股即时分时图，其中横坐标代表时间，纵坐标的上半部分代表价格或指数，下半部分显示成交量。

1.1.1 大盘指数即时分时图

大盘指数即时分时图是指大盘指数在一天内每分钟的动态走势图，它反映了大盘指数一天内的运行情况。大盘指数即时分时图由红绿柱线、黑色柱线、加权指标和不加权指标共 4 个部分组成。图 1-1 为 2016 年 12 月 8 日上证指数的大盘指数即时分时图。

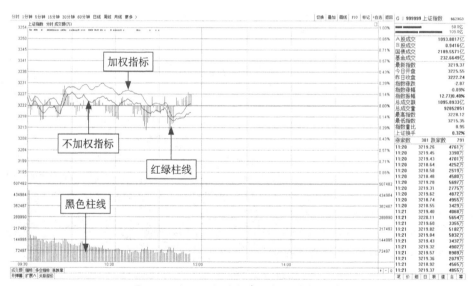

图 1-1 上证指数的大盘指数即时分时图

- 加权指标：即证交所每日公布的媒体常说的大盘实际指数。
- 不加权指标：大盘不含加权的指标，即不考虑股票盘子的大小，而将所有股票对指数影响看作相同的而计算出来的大盘指数。

- 红绿柱线：在红白两条曲线附近有红绿柱状线，是反映大盘即时所有股票的买盘与卖盘在数量上的比率。红柱线的增长缩短表示上涨买盘力量的增减；绿柱线的增长缩短表示下跌卖盘力度的强弱。
- 黑色柱线：用来表示每分钟的成交量，单位是手。

专家提醒

红绿柱线是股票买盘和卖盘的比率：红线柱增长，表示买盘大于卖盘，指数将逐渐上涨；红线柱缩短，表示卖盘大于买盘，指数将逐渐下跌。绿线柱增长，指数下跌量增加；绿线柱缩短，指数下跌量减少。

1.1.2 个股即时分时图

个股即时分时图显示的是个股每分钟价格变动的动态图，是研判个股当天走势的重要参考依据。个股即时分时图分别由成交价曲线、平均价曲线和成交量柱线共3部分组成。图1-2为2016年12月8日平安银行的即时分时图。

图1-2　平安银行（000001）即时分时图

- 成交价曲线：在个股即时分时图中，波动频繁的曲线是成交价曲线，又称为分时线。
- 平均价曲线：在个股即时分时图中，比较平滑的曲线是平均价曲线，又称为均价线。

• 成交量柱线：与大盘指数即时分时图相似，个股即时分时图下方的黑色柱线代表每分钟该股的成交手数。移动鼠标光标也可以查看指定时间的成交手数，如图 1-3 所示。

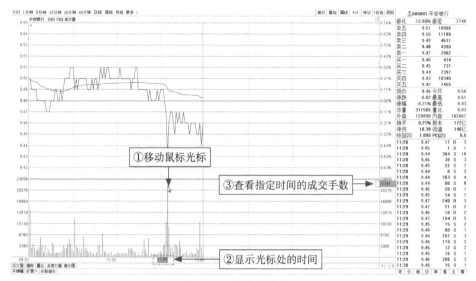

图 1-3　成交量柱线

1.2　分时图的关键术语

在分时走势图中，除了成交价曲线、平均价曲线、成交量柱线等基本构成要素外，还经常会出现一些盘口的数据，这些数据也不容轻视，因为它对投资者分析行情有着重要的作用。

1.2.1　现手与总手

现手是指某一股票即时的成交量。股市最小交易量是 1 手，为 100 股，对于一只股票最近的一笔成交量叫现手。

例如，如果 A 下单 5 元买 100 股，B 下单 5.01 元卖 300 股，当然不会成交。5 元就是买入价，5.01 元就是卖出价。

此时，有 C 下单 5.01 元买 200 股，于是 B 的股票中就有 200 股卖给 C 了（还有 100 股没有卖出去），这时候，成交价是 5.01 元，现手就是 2 手（即 200 股），显示 2，显示的颜色是红的。

如果 D 下单 5 元卖 200 股，于是 A 和 D 就成交了，这时候成交价是 5 元，由于 A

只买 100 股，所以成交了 100 股，现手是 1，颜色是绿的。

因此，主动去适应卖方的价格而成交的，就是红色，叫外盘。主动迎合买方的价格而成交的，就是绿色，叫内盘。

总手即当日开始成交一直到现在为止总成交股数。收盘时总手，则表示当日成交的总股数。例如，图 1-4 为万科 A（000002）分时图，图中总量为 203725，则说明当前总手数为 203725 股。

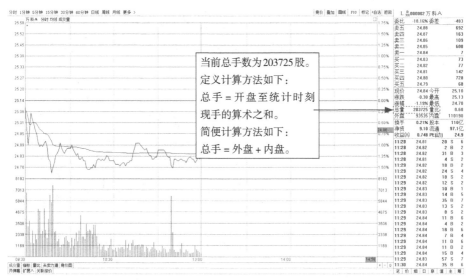

图 1-4　万科 A（000002）分时图

专家提醒

　　单笔成交一般显示在行情窗口的右下方，它显示的是每一笔的成交明细，大部分软件还会显示是买还是卖（B 或者 S）。分时线是按每分钟的最后成交价形成的，在一分钟内其他的成交是被忽略的，而单笔成交呈现的是每一笔成交，这就可以让我们更具体直观地看到资金的操作方向。

　　如果成交量放大，一般而言不是一笔成交促成的，而是多笔成交所成。如果成交密集且每笔量都比较大，那成交量自然放大，成交量柱线就会变长。反之，如果成交稀疏且每笔量都比较少，则成交量柱线就比较短。

1.2.2　换手率

　　挖掘领涨板块首先要做的就是挖掘热门板块，判断是否属于热门股的有效指标之一便是换手率。换手率也称周转率，指在一定时间内市场中股票转手买卖的频率，是反映股票流通性强弱的重要指标之一。换手率高，意味着近期有大量的资金进入该股，流通性良好，股性趋于活跃。

换手率的计算方式如下。

换手率 = 成交股数 ÷ 总流通股数 ×100%

例如，某只股票在一个月内成交了 5000 万股，该股票的总流通股数为 5 亿股，则该股票的换手率就为 10%。

图 1-5 为深振业 A（000006）分时图，该股换手率为 0.27%，在 1% 之下，属于正常情况下的换手率。一般情况下，除了新上市的股票以外，个股的换手率均在 3% 以下。

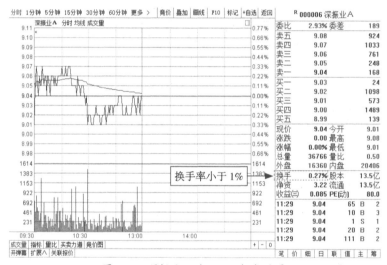

图 1-5　深振业 A（000006）分时图

专家提醒

一般情况，大多数股票每日换手率在 1% ~ 25%（不包括初上市的股票）。70% 的股票的换手率基本在 3% 以下，3% 就成为一种分界。

- 当一只股票的换手率在 3% ~ 7% 时，该股进入相对活跃状态。
- 当一只股票的换手率在 7% ~ 10% 时，则为强势股出现的标志，股价处于高度活跃当中。
- 当一只股票的换手率在 10% ~ 15% 时，属于机构在积极买卖个股。
- 当一只股票的换手率超过 15%，持续多日的话，该股成为黑马的可能性很大。

我国的股票分为可在二级市场流通的社会公众股、不可在二级市场流通的国有股和法人股两个部分，一般只对可流通部分的股票计算换手率，以更真实和准确地反映股票的流动性。

换手率排行榜是大资金进场参与与否的重要标志。只有大资金进场参与，股价才有可能大幅上升，这是最起码的常识。

换手率的主要作用如下。

（1）**发掘热门股**。换手率越高的股票，说明其交易越活跃，人们购买该股的意愿越高，属于热门股；反之，股票的换手率低，则表明该只股票少有人关注，属于冷门股。

（2）**体现变现能力的强弱**。换手率高一般意味着股票流通性好，进出市场比较容易，不会出现想买买不到，想卖卖不出的情况，股票具有较强的变现能力。值得重点注意的是，换手率高的股票，往往也是短线资金追逐的对象，股价起伏较大，风险也比较大。

（3）**判断股价走势**。将换手率与股价走势相结合，可以对未来的股价做出一定的预测和判断。某只股票的换手率突然上升，成交量放大，可能意味着投资者在大量买进，股价可能会随时上涨。如果某只股票持续上涨了一段时间后，换手率又迅速上升，则可能意味着一些获利盘的回吐需求，股价可能会下跌。

1.2.3　量比

量比是指当天成交总手数与近5个交易日成交手数平均值的比值。图1-6为宝钢股份（600019）分时图，该股的量比为1.59。

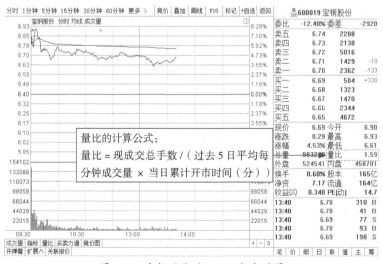

图1-6　宝钢股份（600019）分时图

量比数值的大小表示此时成交量的增减，大于 1 表示此时刻成交总手数已经放大；小于 1 表示此时刻成交总手数缩小，如图 1-7 所示。

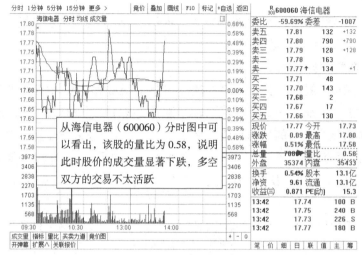

图 1-7　海信电器（600060）分时图

1.2.4　五档盘口

通常情况下，股票行情软件上会分别显示买卖各 5 个价格，即五档盘口。图 1-8 为国投安信（600061）分时图，图中所示的盘口数据中，右上方的便是五档盘口，分别列出了市场上正在挂出的买入价和卖出价。

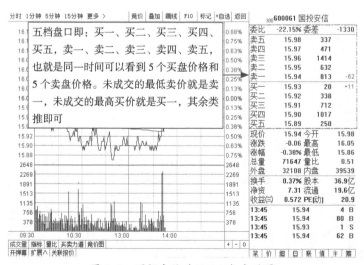

图 1-8　国投安信（600061）分时图

专家提醒

在图1-8显示的五档盘口中，若投资者想买入股票，当报价高于卖一，即高于15.94元的任何价位，就可即时成交，成交价是15.94元。如果投资者的报价是15.93元，那么你就跟其他报价15.93元买入的投资者一起排队等候。等到即时价格跌至15.93元，你才有机会成交。

五档盘口是实时变动的，显示了当天市场买方和卖方势力的此消彼长，同时也透露出主力的操作意图，具有较强的实战价值。

1. 大单压盘

压盘式大单是指在股价运行过程中，在五档卖盘中的卖一至卖五位置突然出现手数较大的委托单。在卖盘位置往往不断出现大单压住股价上涨的态势，这就是大单压盘，如图1-9所示。

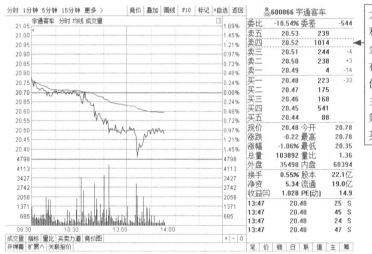

图1-9 大单压盘

专家提醒

如果大单压盘出现在股价上涨初期或中期，股价突破重要的阻力区后，盘中上涨时突然出现，这往往是主力在阻止场外投资者的跟风买进；如果大单压盘出现在股价上涨末期，这通常是主力进行出货的征兆，投资者应尽快离场。

2．大单托盘

大单托盘是指在五档买盘中的买一至买五位置出现大单或特大单，往往表现为当买一的特大单被消化以后，买二位置继续出现更大的买单，在五档买盘中不断出现大单的现象，如图 1-10 所示。

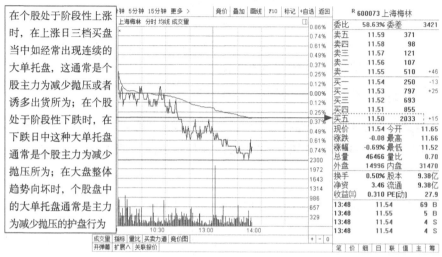

图 1-10　大单托盘

3．小单空盘

小单空盘是指在盘中有大单交易的过程中，五档买卖盘中突然出现小于 100 手或 50 手的交易单，其临盘表现特点如图 1-11 所示。

1	五档小单空盘出现之前的盘面活跃，有大单和特大单持续发生交易
2	五档小单空盘时，卖一、卖二、卖三位置出现低于 100 手标准的小单，而卖四和卖五位置仍有大单排队压阵
3	在买一、买二、买三位置出现低于 100 手标准的小单，而买四和买五位置亦有大单委托排队
4	有时，出现在卖一和买一位置的小单甚至低于 50 手或更低
5	五档小单空盘出现的持续时间较短，一般情况下，会在 1 ~ 5 分钟内迅速消失

图 1-11　小单空盘的临盘表现特点

五档小单空盘通常是由主力操盘手在进行委托交易单量的配置过程中故意出现的交易空当，其目的是留出委托单的空当，以此来观察盘口其他投资者的跟风情况。

在正常交易状态下，当股价上涨时，抛开主力机构通过较大的成交单量来影响股价的行为因素之外，场外中小投资者积极跟风买进也是促使股价上涨的重要动力之一。

因此，主力机构要想知道当天场外买进力量的强弱时，则可以通过实时交易中的"空盘"手段迅速了解。

4. 买盘持续大单

买盘持续大单是指在五档买盘委托队列中出现连续的大单，从买一～买五都出现数量较大的委托单，如图 1–12 所示。

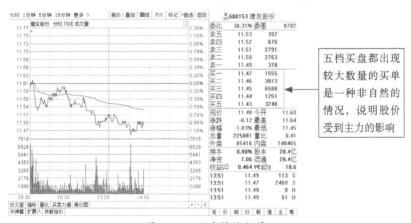

图 1–12　买盘持续大单

在股价进入拉升阶段时，主力为了使股价脱离建仓区，通常会利用持续大单拉升股价，使得股价上涨。

专家提醒

其实，主力挂出的买单有大部分是自己挂的，即自买自卖，而这些持续的大单并不一定会成交，只是为了吸引散户跟风买进，利用市场的看涨形势来帮助自己达到获利目的。

5. 买卖盘上下夹板

大量的委卖盘挂单俗称上压板，大量的委买盘挂单俗称下托板。无论上压板还是下托板，其目的都是诱人跟风（跟风买进或跟风卖出），股票处于不同价格区域时，其作用是不同的。

有时，上压板和下托板同时出现，中间相隔几个价位，这种现象俗称夹板。在夹板出现的情况下，上压板常出现在卖盘第四、第五档，下托板常出现在买盘第四档、第五档。夹板处的挂单主要是给市场看的，主力并不关心这些挂单能不能成交。夹板出现在低位，往往是主力在利用夹板吸筹；夹板出现在股价大幅上升后的高位，则往往是主力通过夹板出货。出现夹板时，投资者应该重点观察图1-13所示的几点。

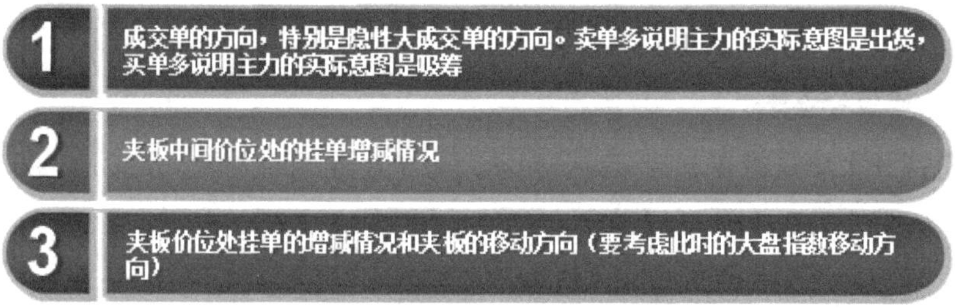

1 成交单的方向，特别是隐性大成交单的方向。卖单多说明主力的实际意图是出货，买单多说明主力的实际意图是吸筹

2 夹板中间价位处的挂单增减情况

3 夹板价位处挂单的增减情况和夹板的移动方向（要考虑此时的大盘指数移动方向）

图1-13　买卖盘上下夹板的关注要点

1.2.5　委比

委比指标指的是在报价系统之上的所有买卖单之比，是实盘操作中衡量某一时段买卖盘相对强度的指标。

委比的计算公式如下。

委比＝（委买手数－委卖手数）÷（委买手数＋委卖手数）×100%

委比的取值自-100%到+100%，+100%表示全部的委托均是买盘，涨停的股票的委比一般是100%，而跌停是-100%。委比为0，意思是买入（托单）和卖出（压单）的数量相等，即委买：委卖=5：5（假设比值的总和为10的情况下）。

　　图1-14为宝硕股份（600155）分时图，该股委比为-26.71%，说明卖方的力量大于买方。

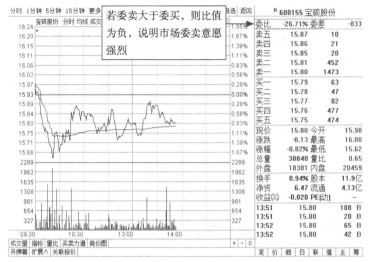

图1-14　宝硕股份（600155）分时图

　　图1-15为皖维高新（600063）分时图，该股委比为21.83%，说明买方的力量大于卖方。

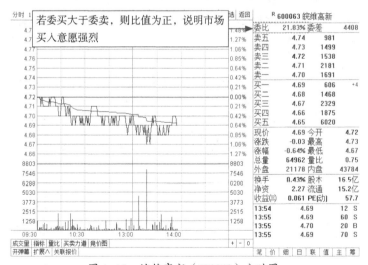

图1-15　皖维高新（600063）分时图

　　委比是还没有交易成功，通过系统委托而显示出来的一个参考数字。成交明细是指已经交易成功的分时成交量及成交价。成交明细所显示出来的是一个真实的数据，而委比却是一个虚假的数字，委比上的挂单是随时可以撤的。

一般来说，委比指标说明了买入和卖出意愿的不平衡程度，但它并不能反映股票的活跃程度，活跃程度还是要看股票的换手率，同时需注意，委比数值是时时都在变化的。

专家提醒

委差是指委买委卖的差值，是投资者意愿的体现，某种程度上反映了价格的发展方向。委差为正，价格上升的可能性就大，反之，下降的可能性大。之所以加上"某种程度上"，是因为其中包含了大量人为干扰的因素，比如主力的参与等。

1.2.6 市盈率

市盈率是一个反映股票收益与风险的重要指标，也叫市价盈利率。它是用当前每股市场价格除以该公司的每股税后利润，其计算方法如下。

市盈率 = 股票每股市价 ÷ 每股税后利润

一般来说，市盈率表示该公司需要累积多少年的盈利才能达到目前的市价水平，所以市盈率指标数值越小越好，越小说明投资回收期越短，风险越小，投资价值一般就越高；倍数大则意味着翻本期长，风险大。

图 1-16 为浦发银行（600000）分时图，该股的静态市盈率为 7.34、动态市盈率为 6.84。理论上市盈率低的股票适合投资，因为市盈率是每股市场价格与每股收益的比率，市盈率低的购买成本就低。

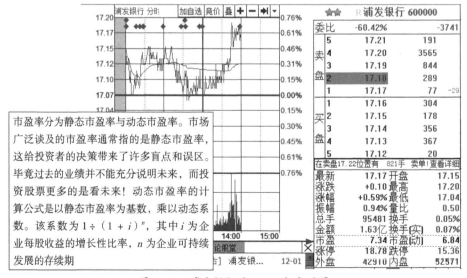

市盈率分为静态市盈率与动态市盈率。市场广泛谈及的市盈率通常指的是静态市盈率，这给投资者的决策带来了许多盲点和误区。毕竟过去的业绩并不能充分说明未来，而投资股票更多的是看未来！动态市盈率的计算公式是以静态市盈率为基数，乘以动态系数。该系数为 $1 \div (1 + i)^n$，其中 i 为企业每股收益的增长性比率，n 为企业可持续发展的存续期

图 1-16 浦发银行（600000）分时图

如果说购买股票纯粹是为了获取红利，而公司的业绩一直保持不变，则股利的收益率与利息收入具有同样意义，对于投资者来说，是把钱存入银行，还是购买股票，首先取决于谁的投资收益率高。因此，当股票市盈率低于银行利率折算出的标准市盈率，资金就会用于购买股票，反之，则资金流向银行存款，这就是最简单、直观的市盈率定价分析。

专家提醒

需要注意的是，观察市盈率不能绝对化，仅凭一个指标下结论。因为市盈率中的上年税后利润并不能反映上市公司现在的经营情况，当年的预测值又缺乏可靠性，加之处在不同市场发展阶段的各国有不同的评判标准。因此，对于投资者而言，更需要的是发挥自己的聪明才智，不断研究创新分析方法，将基础分析与技术分析相结合，才能做出正确的、及时的决策。

专家提醒

动态市盈率是指还没有真正实现的下一年度的预测利润的市盈率。动态市盈率和市盈率是全球资本市场通用的投资参考指标，用以衡量某一阶段资本市场的投资价值和风险程度，也是资本市场之间用来相互参考与借鉴的重要依据。

1.2.7 涨跌、涨幅与振幅

涨跌又称涨跌值，用"元"做单位表示价格变动量。涨跌是以每天的收盘价与前一天的收盘价相比较，来决定股票价格是涨还是跌。

涨跌的计算公式为：涨跌 = 今日收盘价 – 昨日收盘价。

一般在交易台上方的公告牌上用"+（正号）"和"–（负号）"号表示涨跌，正值为涨，负值为跌，否则为持平。

涨幅就是指目前这只股票的上涨幅度。涨幅的计算公式如下。

涨幅 =（现价 – 上一个交易日收盘价）÷ 上一个交易日收盘价 ×100%

下面举例分析分时图中的涨跌、涨幅。

图 1–17 为浦发银行（600000）第一个交易日（2016 年 12 月 5 日）的分时图，可以看到其当日收盘价为 17.30 元。

图 1–18 为该股第二个交易日即 12 月 6 日的分时图，可以看到其当日收盘价为

17.22 元，涨跌为：17.22 元 –17.30 元 =–0.08 元。

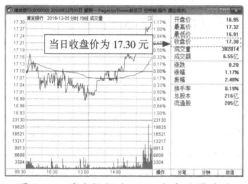 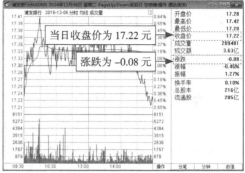

图 1-17　浦发银行（600000）分时图（1）　　图 1-18　浦发银行（600000）分时图（2）

如果涨幅为 0 则表示今天没涨没跌，价格和前一个交易日持平；如果涨幅为负则称为跌幅。图 1-19 为白云机场（600004）2016 年 12 月 8 日的即时分时图，从图中可以看到现价为 14.67 元，上一个交易日收盘价为 14.60 元，因此，涨幅为：（14.67 元 –14.60 元）÷14.60 元 ×100%=0.48%。

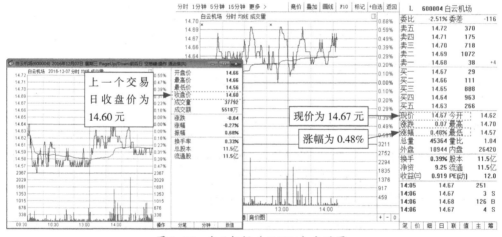

图 1-19　白云机场（600004）分时图

专家提醒

　　投资股票是一门高深的学问，要想充分认识它，就需要对它特有的术语非常熟悉，下面列出了一些常用的股票分时图术语。

　　• 日开盘价：指当日开盘后某只股票的第一笔交易成交的价格。

- 日收盘价：深市指当日某只股票的最后一笔成交价格，沪市指最后成交的一分钟内加权平均价格。
- 日最高价：指当天某只股票成交价格中的最高价格。
- 日最低价：指当天某只股票成交价格中的最低价格。
- 涨停板：交易所规定的股价在一天中相对前一日收盘价的最大涨幅，不能超过此限，否则自动停止交易。我国现规定涨停升幅（T类股票除外）为10%。
- 跌停板：交易所规定的股价在一天中相对前一日收盘价的最大跌幅，不能超过此限，否则自动停止交易。我国现规定跌停降幅（T类股票除外）为10%。

股票振幅（也称震幅）就是股票开盘后的当日最高价和最低价之间的差的绝对值与前日收盘价的百分比，它在一定程度上表现股票的活跃程度，如图1-20所示。

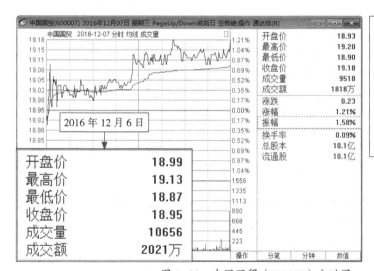

例如，中国国贸（600007）2016年12月6日的收盘价是18.95元，12月7日最高上涨到19.20元，最低到过18.90元，那么日振幅为：（19.20-18.90）÷18.95×100%=1.58%。周振幅分析、月振幅分析以此类推

图1-20　中国国贸（600007）分时图

股票振幅的数据分析，对考察股票有较大的帮助，是反映市场活跃程度的指标。个股振幅越大，说明主力资金参与的程度就越深，反之，就越小。但也不能一概而论，要结合具体的股票价格波动区间。如果在相对历史低位，出现振幅较大的市场现象，说明有主力资金在参与；反之，在相对历史高位出现上述现象，通常预示有机构主力资金在撤销。

1.2.8 内盘与外盘

打开个股分时走势图，在窗口的右边就会显示个股的外盘和内盘情况，如图 1-21 所示。投资者可以通过对比外盘和内盘的数量大小及比例，从中发现当前行情是主动性的买盘多还是主动性的卖盘多，是一个较有效的短线指标。

（1）**外盘**。外盘就是股票的买家以卖家的卖出价而买入成交，成交价为申卖价，说明买盘比较积极。当成交价在卖出价时，将成交数量加入外盘累计数量中，当外盘累计数量比内盘累计数量大很多时，表示很多人在抢盘买入股票，这时股票有股价上涨趋势。外盘是以卖方卖出价成交的交易，卖出量统计加入外盘。

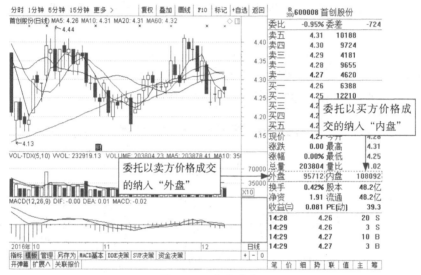

图 1-21　内盘外盘

（2）**内盘**。内盘就是股票在买入价成交，成交价为申买价，说明抛盘比较踊跃。当成交价在买入价时，将现手数量加入内盘累计数量中，当内盘累计数量比外盘累计数量大很多而股价下跌时，表示很多人在卖出股票。

"外盘"和"内盘"相加成为成交量，分析时由于卖方成交的委托纳入"外盘"，如"外盘"很大意味着多数卖的价位都有人来接，显示买势强劲；而以买方成交的纳入"内盘"，如"内盘"过大，则意味着大多数的买入价都有人愿意卖，显示卖方力量较大；如内外盘大体相当，则买卖方力量相当。

投资者在使用外盘和内盘时，要注意结合股价在低位、中位和高位的成交情况及该股的总成交量情况进行观察。因为外盘、内盘的数量并不是在所有时间都有效，许多时候外盘大，股价并不一定上涨；内盘大，股价也并不一定下跌。

1.3 均价线走势分析

与 K 线图上以每天收盘价作为统计依据的均线不同，分时图中的均价线是以盘口总成交额除以盘口总成交量的运算方式测算当前每一股的平均成交价，十分精确地统计出当前所有参与者的综合持仓成本。因此，有了这条均价线，投资者就可以对盘面做一些简单的推理。尤其是对于超短线投资者来说，根据均价线交易往往可获得很好的收益。

1.3.1 分清均价线中的多空阵营

在股票市场上，或者是在其他的证券市场上，有多头和空头之分：所谓的多头，是指投资者看好市场的走向为上涨，于是先买入，再卖出，以赚取利润或者是差价；所谓的空头，是指投资者看到未来的走向为下降，所以就抛出手中的证券，然后再看准时机买入。其中，买入的叫多方，卖空的叫空方。投资者想要有稳定的获利，就必须分清多空双方的力量，而均价线就是一个不错的工具。

下面举例分析分清均价线中的多空阵营。

图 1-22 为大东方（600327）2016 年 6 月 15 日的分时图，从图中可以看到，均价线稳定地向上移动，而且股价从盘整结束后开始稳定上行，而成交量伴随着股价的上行也给出了放大的走势，这就说明多方的力量已经占据明显优势，场外和场中做多的资金非常充足，因此后市将在很大程度上会延续上涨的行情，投资者可以寻找低点进场做多。

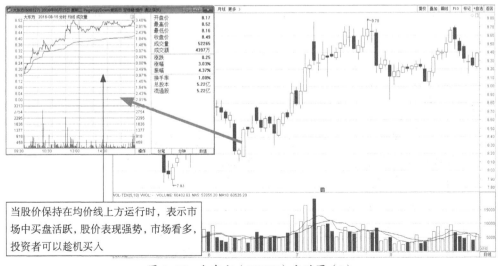

图 1-22　大东方（600327）分时图（1）

图 1-23 为大东方（600327）2016 年 1 月 4 日的分时图，从图中可以看到，当天股价的走势是向下的，而分时图中的分时线也是向下延伸的，股价在稳定地向下推进，说明空方的力量非常强大，股民此时应该尽快离场，已经离场的投资者应持币观望。

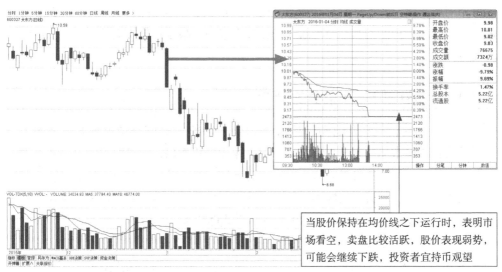

当股价保持在均价线之下运行时，表明市场看空，卖盘比较活跃，股价表现弱势，可能会继续下跌，投资者宜持币观望

图 1-23　大东方（600327）分时图（2）

专家提醒

　　如果股价下跌，则不仅分时线会向下运行，而且代表平均持股成本的均价线也会向下移动，这就说明当前市场已经是空方占据绝对优势。因此，投资者只要及时查看均价线的走势，便可以洞察当前所处的股市行情。

1.3.2　上升趋势中的均价线分析

　　由于均价线代表了平均的购买成本，均价线的不断上扬，也标志了投资者购买股票的平均成本在逐步提高，因此多方必须继续向上推升股价，才能给自己带来更多的利润。由此可见，在股价上升趋势中，均价线有促进股价上涨的作用。

　　下面举例分析上升趋势中的均价线。

　　图 1-24 为中直股份（600038）2016 年 10 月 24 日的分时图，从图中可以看到，股价不断上行，而代表平均成本的均价线由于股价的上扬，也会逐渐走高，均

价线对股价又有促进上涨的作用，因此股价稳定向上移动，短时间内很难发生方向逆转。

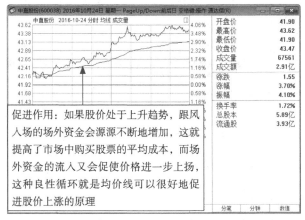

图1-24　中直股份（600038）分时图（1）

图1-25为中直股份（600038）2016年6月15日的分时图，从图中可以看到，股价稳步推升，而分时线也在震荡向上延伸，尽管股价在上升过程中偶尔出现了回调，但是回调的低点也逐渐抬高，由此可以看出，均价线对股价的上涨起到了一定的支撑和促进作用。

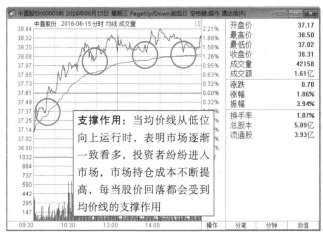

图1-25　中直股份（600038）分时图（2）

1.3.3　下跌趋势中的均价线分析

在下跌趋势中，随着购买股票的成本不断降低，均价线也会跟着向下移动。

下面举例分析下跌趋势中的均价线。

图 1-26 为四川路桥（600039）2015 年 12 月 31 日的分时图，从图中可以看到，股价在稳定下跌，均价线也在向下延伸，由于均价线代表了平均持股成本，因此短时间内股价不会快速反转。

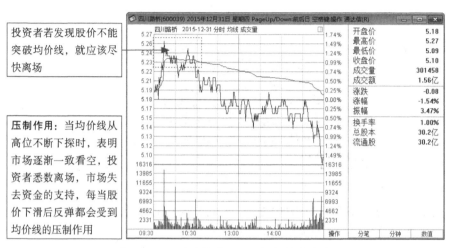

图 1-26　四川路桥（600039）分时图（1）

图 1-27 为四川路桥（600039）2016 年 5 月 6 日的分时图，从图中可以看到，由于均价线促进股价下跌，因此股价稳定地向下移动，最终收在跌停板附近。

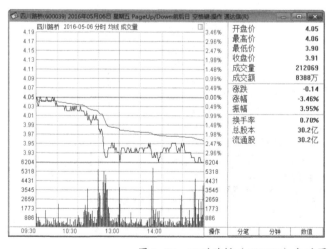

图 1-27　四川路桥（600039）分时图（2）

1.3.4 横盘趋势中的均价线分析

如果均价线处于横盘整理阶段，则代表多空双方力量均等。此时，投资者应该离场观望，等待方向明朗后再做出交易的决策。

下面举例分析横盘趋势中的均价线。

图1-28为浙江广厦（600052）2016年6月14日的分时图，股价在尾盘前始终窄幅波动，股价围绕均价线上下运动。

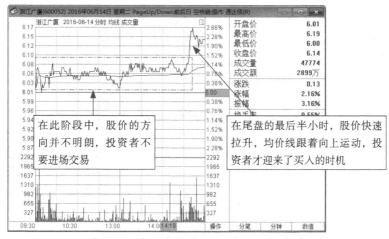

图1-28 浙江广厦（600052）分时图（1）

图1-29为浙江广厦（600052）2016年7月11日的分时图，股价在开盘后快速上冲，均价线开始走平，股价波动范围减小。

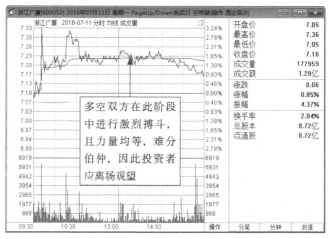

图1-29 浙江广厦（600052）分时图（2）

1.3.5 特殊走势中的均价线分析

均价线是超级短线实战的一个重要研判工具，它与分时线走势交叉错落，如影随形，临盘运用因人而异。下面介绍两种特殊走势中的均价线分析。

1. 均价线远低于股价

当均价线远低于股价时，说明股价上涨过快，已经远远超过了平均的持股成本，因此会有一部分投资者获利出场，股价也常常会出现向下的回调，甚至出现反转。

下面举例分析均价线远低于股价。

图 1-30 为葛洲坝（600068）2016 年 7 月 29 日的分时图，从图中可以看到，股价在开盘后几乎没遇到任何阻力就快速上行，在图中标注的位置，由于涨幅过大，已经远远高出了均价线，从而开始小幅回落调整。

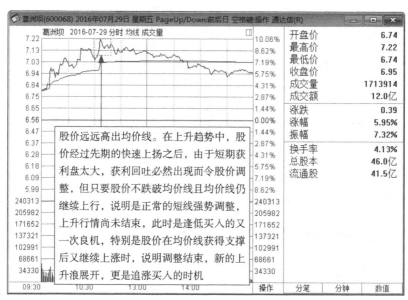

图 1-30　葛洲坝（600068）分时图（1）

图 1-31 为葛洲坝（600068）2016 年 8 月 9 日的分时图，从图中可以看到，股价两次在高位开始回落，而这两次高位的共同特点就是均远远高出均价线。因此，短线投资者甚至超短线投资者可以根据均价线来选择时机卖出股票。

特别当一轮极端参与的主升浪行将结束之时，盘口拉高的股价突然一改强势上攻个性，击穿均价线后大幅回落，此后如果均价线失而复得，得而复失，则是超短线出局信号。

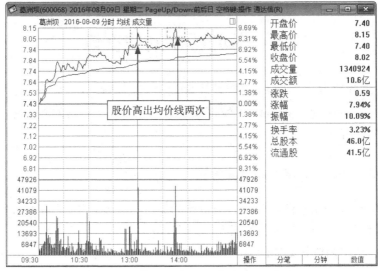

图 1-31　葛洲坝（600068）分时图（2）

2. 均价线远高于股价

在股价下跌趋势中，如果下跌速度过快，会出现均价线远远高于股价的情况，就说明目前股票价格被严重低估，一些投资者会选择入场，因此很有可能会发生反弹的走势。对于超短线投资者来说，这也是选择进场时机的常用规律。

图 1-32 为大恒科技（600288）2016 年 7 月 27 日的分时图，从图中可以看到，股价开盘后快速下跌，在反弹的过程中也受到了均价线的压制而未能成功，此后股价进入整理阶段，并在盘中末期出现强劲的反弹。

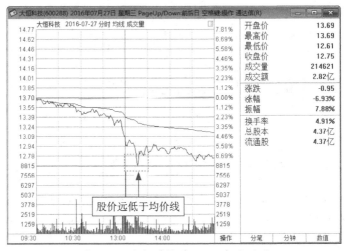

图 1-32　大恒科技（600288）分时图

1.4 分时图中的成交量

成交量是投资者进行股票交易时经常参照的一个重要指标，指某一时间单位内股票成交的数量。分时图中的一根黑色柱状线，代表该股1分钟内的成交量，它是判断市场走势的重要指标。

1.4.1 如何看分时图中的成交量

在分时图中，1小时内的60根黑色柱线相加，即代表该股1小时的成交量。将所有的黑色柱线相加，即可得到该股当天的日成交量。

图1-33为亿阳信通（600289）2016年11月9日的分时图，从图中可以看到，该股当天的日成交量为149643，该数值的变化可以反映出资金进出该股的实际情况。

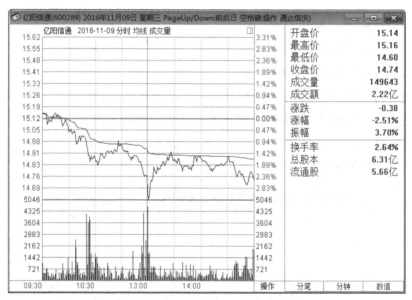

图1-33 亿阳信通（600289）分时图

1.4.2 不同时间段的成交量代表不同的含义

投资者买卖股票的行为产生了成交量，如果只有买或者只有卖则无法成交，自然也就不会有成交量。由于市场的关系，同一股票在不同的时间段内产生的成交量是不相同的。

图 1-34 为维维股份（600300）2016 年 12 月 8 日的分时图，从图中可以看到，在 13：30 ~ 14：00 这半小时内，市场上的多空分歧加剧，愿买的多，愿卖的也不少，因此市场交投活跃，成交量相对来说就会变大。

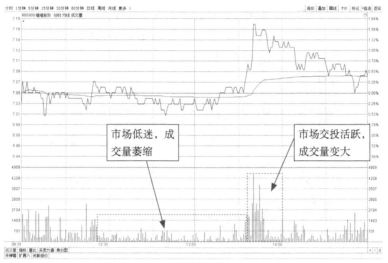

市场低迷，成交量萎缩

市场交投活跃，成交量变大

图 1-34　维维股份（600300）分时图（1）

图 1-35 为维维股份（600300）2016 年 6 月 29 日的分时图，从图中可以看到，开盘后市场比较低迷，多空观望气氛浓厚，买者惜金，卖者惜票，交投清淡，因此成交量非常低迷，直到尾盘时才打破这种状况。

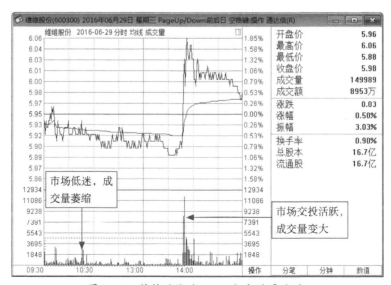

市场低迷，成交量萎缩

市场交投活跃，成交量变大

图 1-35　维维股份（600300）分时图（2）

1.4.3 如何从成交量中判断趋势

成交量是判断股价趋势的一个非常重要的辅助依据，不但可以很直观地表现买卖双方的力量强弱，还可以用于分析主力买卖股票行为，对市场总趋势的研判也有非常大的帮助。因此，投资者应重点关注分时图中的成交量异常波动。

图1-36为标准股份（600302）2016年5月31日的分时图，从图中可以看到，股价早盘小幅低开，探底后开始放量拉升。伴随成交量的增加，股价稳步上升，形成量价配合的走势，后市行情看涨。

图1-36　标准股份（600302）分时图

第2章
使用软件 看分时图

学前提示

计算机和手机炒股，是一种新颖的炒股交易手段。尤其是手机炒股，因其交易速度快、安全性高、时效性强和费用低廉等优点，逐渐成为时下股民们进行股票买卖的主要手段。本章主要介绍使用通达信计算机软件和同花顺手机 APP 看分时图的相关操作。

要点展示

- ≫ 在交易软件中看分时图
- ≫ 解读分时图盘口信息
- ≫ 解读分时图技术指标
- ≫ 手机看分时图，随时掌握行情变化
- ≫ 通过手机 APP 分析股票盘口信息

2.1　在交易软件中看分时图

通达信股票分析软件是多功能的证券信息平台，与其他行情软件相比，有简洁的界面和行情更新速度较快等优点。通达信股票分析软件在分时图方面的功能比较强大，投资者可以轻松地调出分时图标，并且查看有关分时图的基本信息。

2.1.1　显示分时图

散户利用分时图来进行买卖决策，首先必须要能够调出分时图。与 K 线图一样，分时图是主要的分析图表之一。

在通达信股票分析软件中显示分时图的具体操作方法如下。

步骤 1 进入通达信股票分析软件，在股票列表中选择相应的股票名称（如神州长城），如图 2-1 所示。

步骤 2 按【Enter】键或双击鼠标左键，即可转换到分时图界面，如图 2-2 所示。

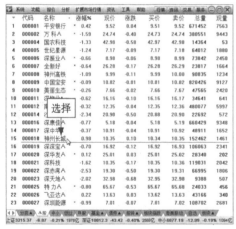

图 2-1　选择相应的股票名称

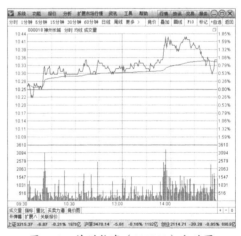

图 2-2　神州长城（000018）分时图

专家提醒

如果目前所处的位置是 K 线图，用户可以按快捷键【F5】快速切换到分时图的界面。

步骤 3 如果用户想查看某只股票的分时图，则可以在键盘中输入该股票的名称首写拼音字母或代码，如青岛啤酒（代码：600600），软件会自动弹出键盘精灵窗口，如图2-3所示。

步骤 ④ 在此窗口中，用户可以查看所需分析的股票名称和代码，然后按【Enter】键即可查看分时图，如图2-4所示。

图2-3　输入相应股票的代码

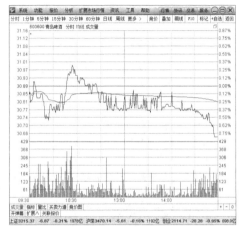

图2-4　青岛啤酒（600600）分时图

2.1.2　查看分时图成交信息

在分时图中，投资者如果想查看某一时刻的成交数据，例如查看成交价格与成交量，则可以用键盘来进行操作。

在通达信股票分析软件中查看分时成交信息的具体操作方法如下。

步骤 ① 进入分时图后，按下键盘中的左右方向键，则在分时图中可显示一个十字光标，如图2-5所示。

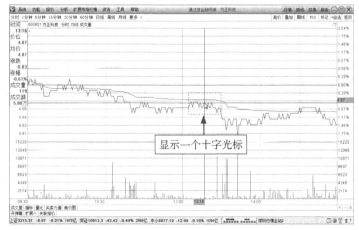

图2-5　显示十字光标

步骤❷ 随着方向键的移动，光标也会在分时图中左右移动，将光标移动到所要查看的分时图中的分时线位置时，在分时图的左侧就会出现一个方块，列出了光标所在位置的相应数据，如图 2-6 所示。

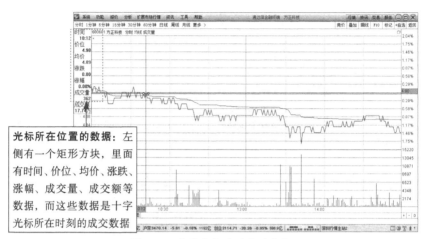

图 2-6 查看光标处的相关数据

2.1.3 叠加显示分时图

众所周知，个股的走势或多或少都会受到大盘指数的影响，因此很多投资者都希望在个股分时图中添加大盘指数、行业指数等走势，以此来共同研究后市情况。

在通达信股票分析软件中叠加显示分时图的具体操作方法如下。

步骤❶ 在个股分时图上点击鼠标右键，在弹出的快捷菜单中选择"叠加品种"→"自动叠加对应大盘指数"选项，如图 2-7 所示。执行操作后，即可自动叠加对应的大盘指数走势，如图 2-8 所示。

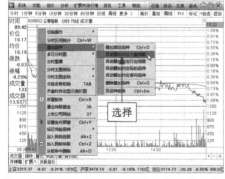

图 2-7 选择"自动叠加对应大盘指数"选项

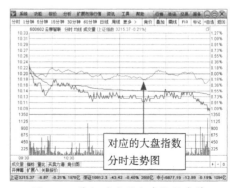

图 2-8 叠加对应的大盘指数走势

步骤 ② 在个股分时图上点击鼠标右键，在弹出的快捷菜单中选择"叠加品种"→"自动叠加对应行业指数"选项，即可叠加显示行业指数走势，如图 2-9 所示。

步骤 ③ 在个股分时图上点击鼠标右键，在弹出的快捷菜单中选择"叠加品种"→"删除叠加品种"选项，如图 2-10 所示。执行操作后，即可删除叠加显示的品种，如图 2-11 所示。

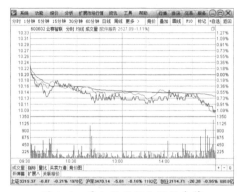

图 2-9　叠加显示行业指数走势

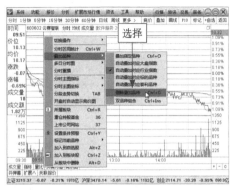

图 2-10　选择"删除叠加品种"选项

步骤 ④ 在个股分时图上点击鼠标右键，在弹出的快捷菜单中选择"叠加品种"→"双品种组合"选项，弹出"选择对照品种"对话框，用户可以在此选择相关品种，如图 2-12 所示。

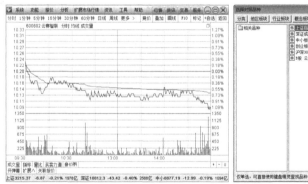

图 2-11　删除叠加显示的品种

图 2-12　"选择对照品种"对话框

专家提醒

通过叠加显示分时图功能，投资者可以将各图的走势和大盘指数结合起来共同研究股价走势。

例如，用户在键盘中输入该股票的名称首写拼音字母或代码，如方正科技（600601），按【Enter】键，即可同时看到这两个股票的分时图，如图 2-13 所示。

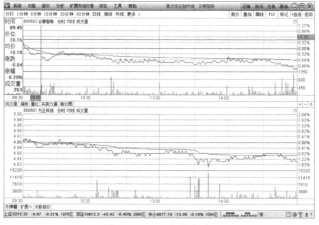

图 2-13　双品种组合

2.1.4　查看多日分时图

分时图上只能显示一个交易日的走势，如果想了解近几个交易日的分时走势，则可以用查看多日分时图功能。

在通达信股票分析软件中查看多日分时图的具体操作方法如下。

步骤①　在个股分时图上点击鼠标右键，在弹出的快捷菜单中选择"多日分时图"选项，在弹出的子菜单中用户可以选择查看近 10 日的分时图，如图 2-14 所示。

步骤②　选择"最近 2 日"选项，即可同时查看最近 2 日的分时图，如图 2-15 所示。

图 2-14　选择"多日分时图"选项

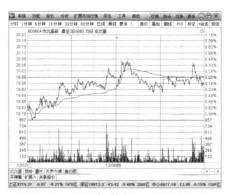

图 2-15　同时查看最近 2 日的分时图

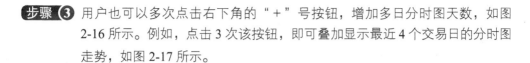

步骤 ③ 用户也可以多次点击右下角的"＋"号按钮，增加多日分时图天数，如图 2-16 所示。例如，点击 3 次该按钮，即可叠加显示最近 4 个交易日的分时图走势，如图 2-17 所示。

图 2-16　点击右下角的"＋"号按钮

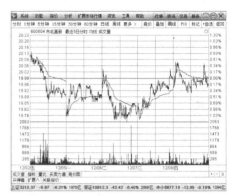

图 2-17　同时查看最近 4 日的分时图

专家提醒

　　将多个交易日的分时图连接起来并且在一个图中显示，可以使投资者对近几日的分时走势一目了然。

2.1.5　查看历史分时图

　　在每天早上 8：45 系统初始化之后，上一交易日的分时成交图就被完全清除。那如果投资者想要查看最近几日或之前某一交易日的分时走势图时，该如何查看呢？在通达信软件上不仅可在分时成交图上查看最近 10 个交易日以内的分时成交图，还可以在日 K 线图上查看任意某一交易日的分时走势以及成交量。

　　在通达信股票分析软件中查看历史分时图的具体操作方法如下。

步骤 ① 在个股分时图上点击鼠标右键，在弹出的快捷菜单中选择"切换操作"→"进入分析图"选项，如图 2-18 所示。执行操作后，即可切换至个股 K 线走势图界面，如图 2-19 所示。

步骤 ② 用户可以通过键盘上的【↑】方向键和【↓】方向键，放大或缩小 K 线图所显示的时间范围，如图 2-20 所示。

步骤 ③ 点击鼠标左键的同时向左或向右拖曳底部的时间轴，即可切换 K 线图的时间，如图 2-21 所示。

步骤 ④ 选择相应时间的 K 线，即可在弹出的小窗口中查看当天的开盘、最高、最低、收盘、总量、换手、总额、涨跌、涨幅等数据，如图 2-22 所示。

步骤 ⑤ 在 K 线上双击鼠标左键，或按【Enter】键，即可在弹出的窗口中查看当天的分时图，如图 2-23 所示。

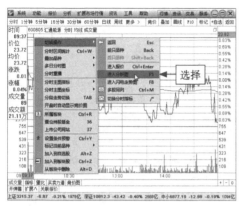

图 2-18 选择"进入分析图"选项

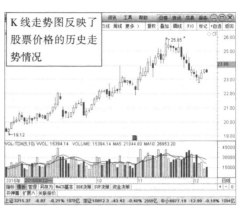

图 2-19 个股 K 线走势图

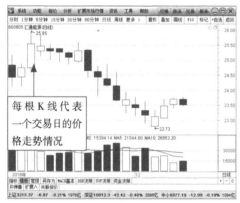

图 2-20 放大或缩小 K 线图的范围

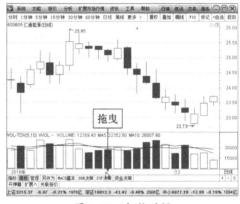

图 2-21 切换时间

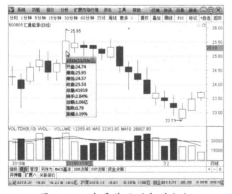

图 2-22 查看某天的相关数据

图 2-23 查看历史分时图

2.1.6 隐藏信息栏

分时图右侧会显示信息栏,里面涵盖了买入和卖出的数据,例如五档盘口、开盘价、收盘价、最高价、最低价等,这样可以使投资者及时了解一些具体的交易信息,但它同时也会占据分时图中的显示空间。为了方便查看,有时投资者需要扩大分时图的显示页面,因此可以隐藏右侧的信息栏。

在通达信股票分析软件中隐藏分时信息栏的具体操作方法如下。

在个股分时走势图上,点击右上角的"显隐行情信息"按钮 □|,如图 2-24 所示。执行操作后,即可隐藏行情信息,如图 2-25 所示。

图 2-24 点击"显隐行情信息"按钮

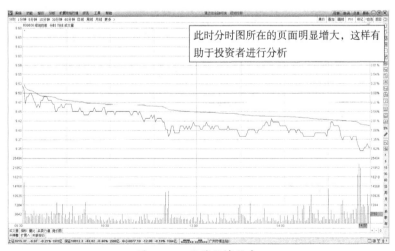

图 2-25 隐藏行情信息

2.1.7 多股同列显示

"多股同列"功能具有将多个股票的即时走势图在一个画面中同时列出的功能，让投资者可以同时关注多个股票的动向。

在通达信股票分析软件中显示多股同列的具体操作方法如下。

步骤 ① 点击个股分时图工具栏上的"多股同列"按钮 ，如图 2-26 所示。执行操作后，即可多股同列显示，如图 2-27 所示。

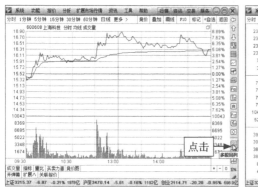

图 2-26　点击"多股同列"按钮　　　　　　图 2-27　多股同列显示

步骤 ② 滚动鼠标滚轮，即可切换查看不同的多股排列效果，如图 2-28 所示。

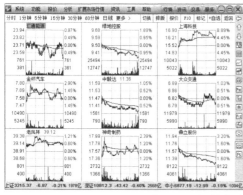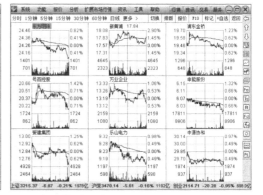

图 2-28　切换查看不同的多股排列效果

2.1.8 分时重播演示

每天收盘后，投资者也可以重播当天的分时走势，不是查看历史分时图，而是按照开盘的样了每分钟播放当天分时走势图，主要用于分时指标测试，看信号是否会消失。

投资者还可以利用"分时重播"功能来判断盘中打开涨停的性质，保证操盘指令的准确率。在通达信股票分析软件中显示分时重播的具体操作方法如下。

步骤① 在个股分时图上单击鼠标右键，在弹出的快捷菜单中选择"分时重播"选项，如图2-29所示。执行操作后，弹出"分时重播"对话框，用户可以设置相应的播放速度和方向，如图2-30所示。

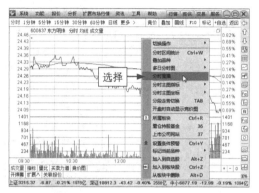

图2-29 选择"分时重播"选项　　　　　　图2-30 "分时重播"对话框

步骤② 点击"播放"按钮，即可开始演示分时图运行情况，如图2-31所示。

步骤③ 点击"暂停"按钮，即可暂停播放，如图2-32所示。

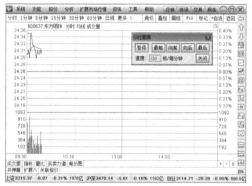

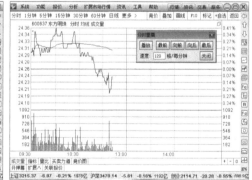

图2-31 演示分时图运行情况　　　　　　图2-32 暂停播放

2.1.9 分时区间统计

在K线图和分时图里都能统计区间内的涨跌、振幅、换手等数据，帮助投资者迅速地统计出一个股票在一段时间内的各项数据，而且还提供阶段统计表格，这样就能对一个时间段内的数据在不同股票之间进行排序、比较，让投资者简单、快捷地分析股票的走势。在通达信股票分析软件中使用分时区间统计的具体操作方法如下。

步骤① 在个股分时图上点击鼠标右键，在弹出的快捷菜单中选择"分时区间统计"
选项，如图2-33所示。执行操作后，弹出个股分时区间统计窗口，用户可
以设置相应的起始时间、终止时间、分钟数目等参数，如图2-34所示。

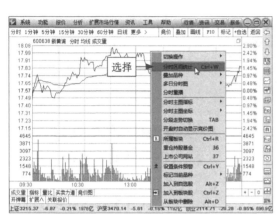

图2-33 选择"分时区间统计"选项　　　　图2-34 个股分时区间统计窗口

步骤② 切换至"大单成交"选项卡，即可查看相应时间段内的个股大单成交的统计
信息，如图2-35所示。

步骤③ 切换至"价量分布"选项卡，即可查看相应时间段内的股价与成交量统计信
息，如图2-36所示。

图2-35 "大单成交"选项卡

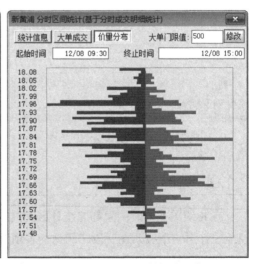

图2-36 "价量分布"选项卡

┌───┐
│ **专家提醒**   │
│   量价分布是在股市上经常提到，并且是在炒股软件上进行股票的技术 │
│ 分析的一种常用工具，它是指每一只股票在一个确定的价位有多少持仓筹 │
│ 码。这个工具可以用来判断一只股票，包括大盘在一定的价位或者点位上 │
│ 获利盘的数量占总股数的比值，以及这只股票和大盘的平均持仓成本。   │
└───┘

2.2 解读分时图盘口信息

盘口是指股价在上下波动时，随时出现的具体成交数据，它会显示在分时图右侧的信息栏中。通达信软件显示的盘口信息十分丰富，本节将进行简单介绍。

2.2.1 分时成交明细

分时成交明细，就是按时间顺序记录成交单子的数量和价格以及买卖情况。

在通达信股票分析软件中查看分时成交明细的具体操作方法如下。

步骤 ① 在个股分时图上右侧盘口信息栏最下方，会显示个股的成交时刻、成交价格、成交手数、买卖标记等分时成交信息，如图 2-37 所示。

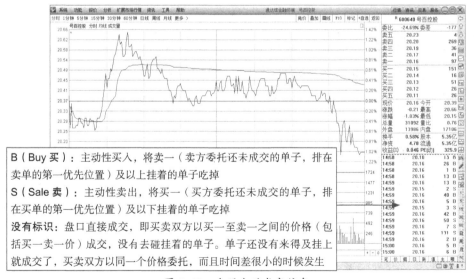

图 2-37 个股分时成交信息

步骤❷ 用户要想看到股票的成交量和大单买卖情况的话，就必须要用到分时成交明细，可以在股票软件中找到你需要的股票，输入"01"后按【Enter】键，就可以看到分时成交明细了，如图2-38所示。

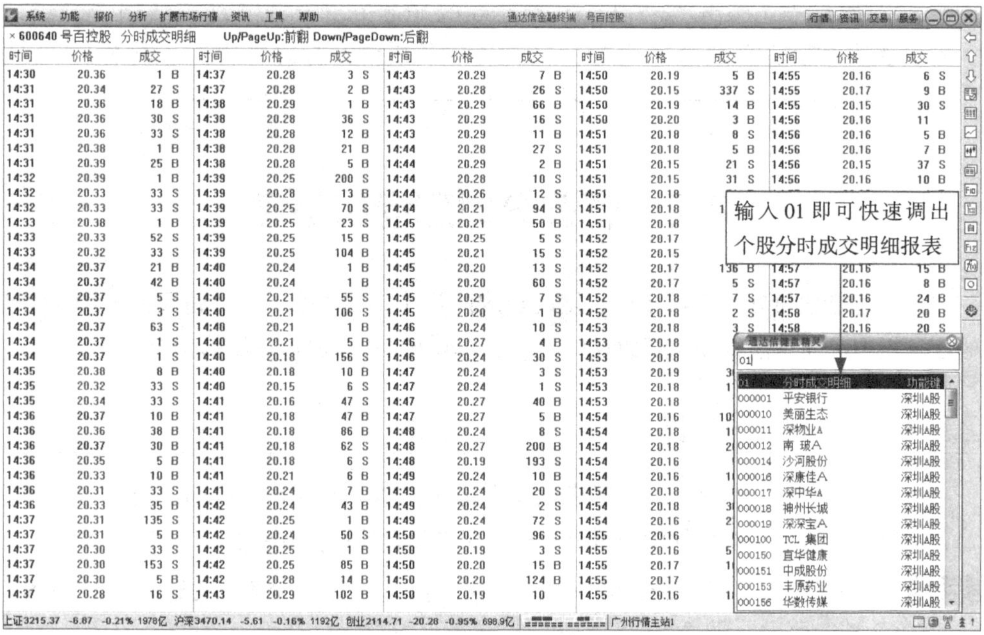

图2-38 个股分时成交明细信息

2.2.2 盘口常用数据

盘口就是在交易过程中，通过盘面上的一些重要数据观察即时的交易动向。由于分时图体现了一个交易日内的细小波动，因此分时图中的盘口数据在实战过程中就显得尤为重要。

专家提醒

此外，在盘口数据区域还可以看到最新的开盘价、最低价、最新成交价、最高价、涨跌幅度、换手率等数据，而这些数据对于投资者及时掌握行情的动向具有重要意义。

图2-39为凤凰传媒（601928）的分时图，图中右侧部分是全部的盘口数据区域，其中包括五档买入盘和五档卖出盘，这是目前市场上投资者愿意买入或卖出的报价和数量。

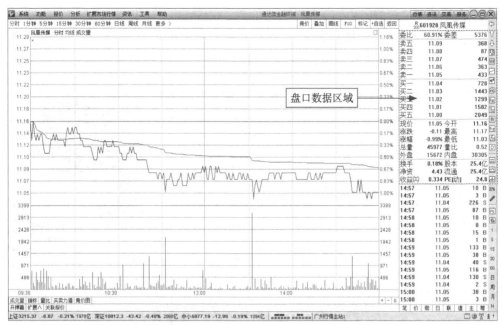

图2-39　凤凰传媒（601928）分时图

2.2.3　移动筹码分布

筹码分布是寻找中长线牛股的利器，对短线投资者可能没有太大的帮助。但筹码分布在股市的运用将开辟技术分析一片新天地。筹码分析即成本分析，基于流通盘是固定的，无论流通筹码在盘中如何分布，累计量必然等于总流通盘。

专家提醒

筹码分析理论是形态分析的根本基础，投资者只有透彻地掌握了筹码分析理论，才能准确地进行形态分析。筹码分析理论，就是根据筹码流动的特点，对大盘或个股的历史成交情况进行分析，得出其筹码结构，然后根据这个筹码结构来预测以后的走势。筹码分析理论的自然规律基础，是筹码流动的特点，而筹码流动的特点也是心理学的内容。简单说，就是单位时间内的卖出比例与持有时间和盈亏比例的关系。亏损比例越大，持有时间越长，则卖出的比例越大；而亏损比例越小，持有时间越短，则卖出的比例越小。整体上讲，获利筹码的卖出比例要明显高于亏损筹码。

在通达信股票分析软件中查看移动筹码分布的具体操作方法如下。

步骤① 在个股分时图中，点击菜单栏中的"分析"→"移动筹码分布"命令，如图 2-40 所示。执行操作后，即可打开"移动筹码分布"窗口，即可查看该股在某个价位的成本分布信息，如图 2-41 所示。

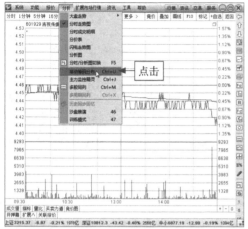

图 2-40 点击"移动筹码分布"命令

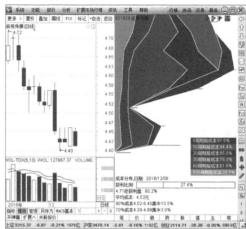

图 2-41 打开"移动筹码分布"窗口

步骤② 在 K 线图中选择相应日期的 K 线并用鼠标双击，即可打开该日的分时图，如图 2-42 所示。

步骤③ 执行操作后，即可在"移动筹码分布"窗口查看同一天的筹码分布情况，用户结合分时图以及移动筹码分布来分析股价的走势，如图 2-43 所示。

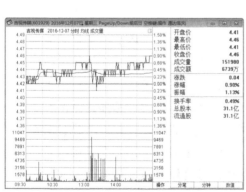

图 2-42 个股某天的分时图

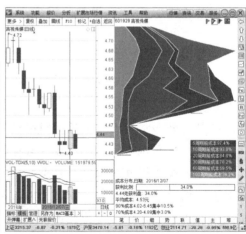

图 2-43 移动筹码分布情况

专家提醒

　　股票交易都是通过买卖双方在某个价位进行买卖成交而实现的。随着股票的上涨或下跌，在不同的价格区间产生着不同的成交量，这些成交量在不同的价位的分布量，形成了股票不同价位的持仓成本。对持仓成本的分析和研究，是成本分析的首要任务。

　　通常情况下，股票的流通盘是固定的，100万流通盘就有100万流通筹码，无论流通筹码在股票中怎样分布，其累计量必然等于流通盘。股票的持仓成本就是流通盘中不同的价位有多少股票数量。因此，对股票进行持仓成本分析具有极其重要的实战意义。

- 能有效地判断股票的行情性质和行情趋势。
- 能有效地判断成交密集区的筹码分布和变化。
- 能有效地识别主力建仓和派发的全过程。
- 能有效地判断行情发展中重要的支撑位和阻力位。

2.2.4　查看分价表

　　分价表显示的是在各成交价位上分别成交的总手数，各价位成交的笔数，平均每笔手数，各价位上的成交量占总成交量的比例。

　　在通达信股票分析软件中查看分价表的具体操作方法如下。

步骤❶ 在个股分时图的右下角，点击"价"按钮，显示分价表数据，如图2-44所示。

步骤❷ 使用鼠标左键双击分价表内容区，即可放大显示分价表，如图2-45所示。再次使用鼠标左键双击分价表内容区，即可返回。

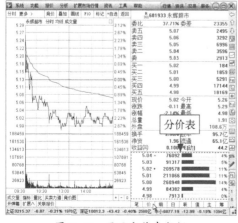

图2-44　显示分价表数据

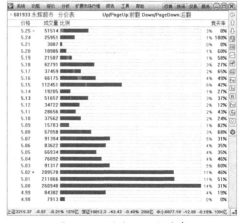

图2-45　放大显示分价表

分价表的主要作用如下。

- 判断该股今日交易者持仓成本。
- 判断阻力与支撑的位置。
- 根据该价位成交平均每笔手数大小来分析买卖力量。
- 比较自己的交易成本与市场交易成本的差距。

在分价表中包含价格、成交量、比例、竞买率等，各选项基本含义如下。

- 价格：当日成交的所有价格从最高价到最低价的价位顺序，之间无成交的价位不作统计。例如，一只个股当天最高价为10.01元、最低价为10.09元，但中间价位10.05上没有成交，则只有6个成交价的分价表，分别为10.02元、10.03元、10.04元、10.06元、10.07元、10.08元。
- 成交量：表示某个价位上的成交量。
- 比例：柱子后有百分比数字表示某一成交价上的成交量占当日总成交量的比例。柱子上红色部分表示主动买入成交的量，绿色表示主动卖出成交的量。
- 竞买率：是指某价位成交量中买的成交量，可以体现购买的强度。竞买率指在此价位成交量中，以卖价成交所占比例，竞买率高说明在此价位买的意愿较强，其实质是内外盘在每个价位的体现。同时，竞买率也就是在F2分价表中，某一价位的成交量中，主动性买入所占的比率。

分价表若是均匀分布说明主力不在里面，否则可能有主力参与。分价表中的数据是非常重要的，不但可以看出股票的压力位和支撑位，并且还可以精确计算出资金的流向，数据量也不大，应该比分笔成交数据好用。不过，目前分价表中还没有指标对其进行应用。

同时，分价表还是 LEVEL–2 的重要行情数据之一。分价表根据上海证券交易所和深圳交易所发布的 LEVEL–2 数据，对交易价格区间内每一价位的成交量进行了精确统计。从开盘至收盘的交易时段中，会出现最高价和最低价，当天的交易主要在这一价格区间内完成，但是，有可能某个价位上的成交量很大，而某个价位上的成交量却相对较小。即使同一个价位上，成交量中有些是主动性买入成交的，而有的则是主动卖出成交的。

2.2.5 主力监控精灵

主力监控是指借助 MA 均线系统、股价的 K 线走势、摆动类趋势类技术指标，结合股价的走势以及与成交量的配合，从而判断出个股中是否存在能够给股价走势造成重大影响的资金或资金联合的个股监控方式。

个股中通常都会存在高度参与的机构或主力积极参与的情况，这类个股涨起来一般都是一路飙升，拉升途中的调整时间较短、幅度较浅，买入这种个股的收益相当可观。

总的来说，监控主力一般有以下两种途径。

- 个人经验结合技术分析和基本面分析。大多数投资者追踪主力只是根据自己的经验和猜测，他们一般根据成交量的大小、价格的相对高低、拉升时的力度大小、经济大环境和政府政策的配合度、个股所属行业的发展前景、上市公司内部股权的结构以及变动、大股东的更迭等技术指标、基本面分析和个人实战操作经验来猜测主力的操作策略和操作动向。需要注意的是，建立在个人经验基础上的分析，只能对主力的动向做出模糊的判断，而且这种判断有时候与实际情况相去甚远。

- 数理统计，汇总交易席位的交易数据，跟踪巨单或大单交易动向。但是这种方式也并非完美无缺，它的缺陷就是数据来源准确性、样本统计及统计方法的科学标准等。

在通达信股票分析软件中使用主力监控精灵的具体操作方法如下。

步骤 ① 在个股分时图的右下角，点击"主"按钮，即可打开主力监控精灵窗口，如图 2-46 所示。

步骤 ② 在列表中，会自动刷新最近的个股主力动态信息，使用鼠标左键双击需要的个股，即可查看该股的分时走势图以及盘口信息，如图 2-47 所示。

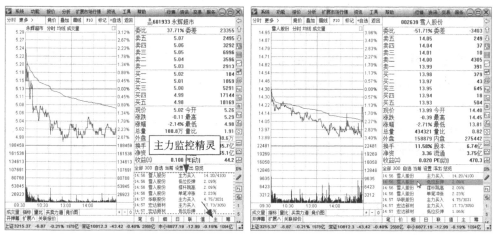

图 2-46 打开主力监控精灵窗口　　　　　图 2-47 切换查看个股动态

通达信股票分析软件中的主力监控精灵各监控项基本含义如表 2-1 所示。

表 2-1　主力监控精灵各监控项的基本含义

监控项	基本含义
拖拉机单 （仅 L2）	• 单个委托单不小于 50 手 • 相邻委托单同价等差委托单 • 价格为买一或者卖一 • 差值符合一定条件 • 如果可能是之前报告过的，那么不再重新报告，若是撤单后再委托，可能因信息缺乏不再报告，除非确认是新的委托 • 揭示格式：价格 /（首个拖拉机委托单 – 最末拖拉机委托单）× 拖拉机单个数，一般买方拖拉机单会以红色为主，卖方则以绿色为主
委托异动 （仅上证 L2）	• 用于判断的基础数据，是根据已知信息数据计算盘口总体变动得到的 • 因信息不足，会产生偏差，可能因精度问题造成估计价格有轻微波动，甚至可能略高于涨停价格或者略低于跌停价格，也可能将若干次短时变动合并为一次，数量为各次变动算术和，价格为加权价 • 委托变动量要求数量变动不少于 5000 手，或者金额不低于 500 万元 • 对于新增委托，要求新增量不少于已有的与其买卖方向相同的委托总量的 5% • 揭示格式：[挂 | 撤][买 | 卖]（估）估计委托价格 / 估计委托数量
主力大单	• 成交量大于或等于 3000 手，或者成交金额大于或等于 500 万元 • 揭示格式：成交价格 / 成交数量

续表

监控项	基本含义
加速拉升	• 最近连续 5 分钟有成交（考察样本） • 对于深沪 A/B 股，最近 1 分钟上涨达到 0.8%；最近 5 分钟内，最近的上涨累计幅度达到 1.5% • 对于板块指数，最近 1 分钟上涨达到 0.5%；最近 5 分钟内，最近的上涨累计幅度达到 1% • 创当日新高 • 5 分钟内不重复报告
加速下跌	• 最近连续 5 分钟有成交（考察样本） • 对于深沪 A/B 股，最近 1 分钟下跌达到 –0.8%；最近 5 分钟内，最近的下跌累计幅度达到 –1.5% • 对于板块指数，最近 1 分钟下跌达到 –0.5%；最近 5 分钟内，最近的下跌累计幅度达到 –1% • 创当日新低 • 5 分钟内不重复报告
低位反弹	• 最近连续 5 分钟有成交（考察样本） • 对于深沪 A/B 股，最近 1 分钟上涨达到 0.8%；最近 5 分钟内，最近的上涨累计幅度达到 1.5%；5 分钟前跌幅达到 –1.5% • 对于板块指数，最近 1 分钟上涨达到 0.5%；最近 5 分钟内，最近的上涨累计幅度达到 1%；5 分钟前跌幅达到 –1% • 5 分钟内不重复报告
高位回落	• 最近连续 5 分钟有成交（考察样本） • 对于深沪 A/B 股，最近 1 分钟下跌达到 –0.8%；最近 5 分钟内，最近的下跌累计幅度达到 –1.5%；5 分钟前涨幅达到 1.5% • 对于板块指数，最近 1 分钟下跌达到 –0.5%；最近 5 分钟内，最近的下跌累计幅度达到 –1%；5 分钟前涨幅达到 1% • 5 分钟内不重复报告
撑杆跳高	• 最近连续 5 分钟有成交（考察样本） • 对于深沪 A/B 股，最近不超过 5 分钟的时间内，上涨达到 2%，而在此之前的 10 多分钟内振幅不超过 1.2% • 对于板块指数，最近不超过 5 分钟的时间内，上涨达到 1%，而在此之前的 10 多分钟内振幅不超过 0.6% • 上述涨幅不少于振幅的 2 倍 • 5 分钟内不重复报告

续表

监控项	基本含义
平台跳水	• 最近连续 15 分钟有成交（考察样本） • 对于深沪 A/B 股，最近不超过 5 分钟的时间内，下跌达到 –2%，而在此之前的 10 多分钟内振幅不超过 1.2% • 对于板块指数，最近不超过 5 分钟的时间内，下跌达到 –1%，而在此之前的 10 多分钟内振幅不超过 0.6% • 上述跌幅的绝对值不少于振幅的 2 倍 • 5 分钟内不重复报告
单笔冲击	• 最近连续 3 分钟有成交 • 单笔成交量达到 100 手，并且单笔成交额达到 5 万元 • 单笔价格在上一笔的基础上的上涨 / 下跌的绝对值达到昨收的 2% • 3 分钟内不重复报告
区间放量	• 最近连续 15 分钟有成交（考察样本） • 以前面 12 分钟的分钟成交均量为基础，最近 3 分钟的每分钟成交量都不低于该均量的 3 倍，并且最近 3 分钟的分钟均量达到该均量的 6 倍 • 3 分钟内不重复报告

2.3　解读分时图技术指标

许多投资者已掌握了在 K 线图中如何添加技术指标，而在分时图中同样可以查看和分析技术指标，这其中就包括常用到的量比指标、买卖力道、竞价图等。

2.3.1　添加分时指标

在通过分时图分析股票行情走势时，投资者还可以结合各自技术指标来分析盘面的信息以及预测股价未来的走势。在行情交易软件中，系统自带了很多的技术指标，投资者不需要全部将其记住，只需掌握常用的几个指标，然后配合分时图综合使用即可达到目标。

在通达信股票分析软件中添加分时指标的具体操作方法如下。

步骤❶ 在个股分时图的左下角，点击"指标"按钮，即可显示指标（默认为 MACD），如图 2-48 所示。

步骤② 在指标窗口中点击鼠标右键，在弹出的快捷菜单中选择"指标用法注释"选项，如图2-49所示。执行操作后，弹出"MACD指标用法"对话框，即可显示MACD指标的用法，如图2-50所示。

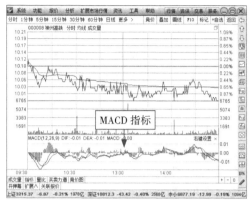

图2-48 显示指标

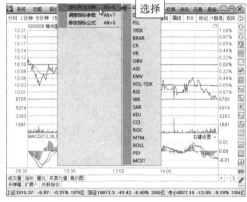

图2-49 选择"指标用法注释"选项

步骤③ 在指标窗口中点击鼠标右键，在弹出的快捷菜单中选择"选择分时指标"选项，弹出"请选择指标"对话框，用户可以在左侧的列表框中选择常用指标、大势型、超买超卖型、趋势型、能量型、成交量型、均线型、图表型、路径型等指标，如图2-51所示。

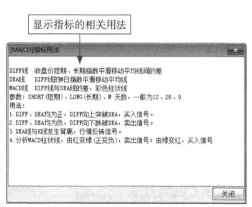

图2-50 指标用法

图2-51 "请选择指标"对话框

步骤④ 用鼠标双击"常用指标"选项，在展开的列表框中可以选择各种常用指标，选择相应指标后，右侧会显示相关的指标参数设置，如图2-52所示。

步骤⑤ 点击"确定"按钮，即可在分时图下方添加该指标，如图 2-53 所示。

图 2-52　选择相应指标

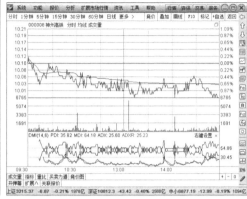

图 2-53　添加指标

步骤⑥ 在指标窗口中点击鼠标右键，在弹出的快捷菜单中选择"调整指标参数"选项，弹出"[DMI] 指标参数调整（1 分钟）"对话框，用户可以在下方设置相应的指标参数，如图 2-54 所示。

步骤⑦ 在指标窗口中点击鼠标右键，在弹出的快捷菜单中选择"修改指标公式"选项，弹出"指标公式编辑器"对话框，用户可以在此修改指标公式，如图 2-55 所示，编辑完成后点击"确定"按钮即可。

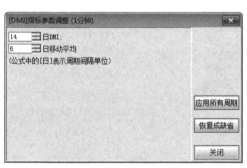

图 2-54　设置指标参数

图 2-55　"指标公式编辑器"对话框

　　技术指标分析，是依据一定的数理统计方法，运用一些复杂的计算公式，来判断汇率走势的量化的分析方法，主要有动量指标、相对强弱指数、随机指数等。由于以上的分析往往需要一定的计算机软件的支持，所以对于个人实盘买卖交易的投资者，只作为一般了解。但值得一提的是，技术指标分析是国际外汇市场上的职业交易员非

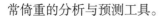

常倚重的分析与预测工具。

　　技术分析的指标相当多，默认的系统指标就有近百种，即使是专业的分析师有时也容易混淆。为了解决这种困扰，根据指标的设计原理和应用法则，可以将常用指标划分为"大势型""超买超卖型""趋势型""能量型""成交量型""均线型""图表型""选股型""路径型"和"停损型"十大类型，如表2–2所示。用户只要知道指标属于哪一类的就差不多知道了该指标的应用法则；同样，用户只要明白自己的需求（例如，是判断趋势还是要寻找超买超卖区域），就可以方便地在相应类别中找到合适的技术指标。技术指标的这种分类，也便于用户对指标原理的学习、理解和记忆。

表2–2　技术指标的常用类型

类型	主要指标	关键要点
大势型	ABI、ADL、ADR、ARMS、BTI、C&A、COPPOCK、MCL、MSI、OBOS、TRIM、STIX、TBR	大势型指标专用于判断大盘走势，除却COPPOCK，都无法在个股画面使用。ABI绝对广量指标，ADR涨跌比例，ARMS阿姆氏指标，BTI广量动力指标，COPPOCK估波指标，MCL麦克连指标，MSI麦氏综合指标，OBOS超买超卖指标，STIX指数平滑广量指标，均有参数值范围，超出参数值，即为买进或卖出区域，用户还可根据自己的操作风格，自行设置参数值
超买超卖型	CCI、DRF、KDJ、K%R、KAIRI、MFI、MOM、OSC、QIANLONG、ROC、RSI、SLOWKD、VDL、W%R、BIAS、BIAS36、布林极限、极限宽	大约有五分之一的指标属于这种类型，而且这些指标都相当复杂，但投资者只要掌握它的"天线"和"地线"的特征，各种难题就可以迎刃而解了 天线和地线都与中轴线平行，天线位于中轴线上方、地线位于中轴线下方，两者离中轴线有相同的距离。天线可视为指标压力或是常态行情中的上涨极限。地线可视为指标支撑或常态行情中的下跌极限
能量型	BRAR、CR、MAR、梅斯线、心理线、VCI、VR、MAD	本类型指标是股价热度的"温度计"，专门测量股民情绪高亢或沮丧。通常情况下，指标数据太高，代表高亢发烧；指标数据太低，代表沮丧发冷
趋势型	ASI、CHAIKIN、DMA、DMI、DPO、EMV、MACD、TRIX、终极指标、VHF、VPT、钱龙长线、钱龙短线、WVAD	本类型指标至少有两条线，指标以两条线交叉为信号：趋向类指标的信号发生，大致上都是以两条线的交叉为准，把握这个重点就可以运用自如

续表

类型	主要指标	关键要点
成交量型	ADVOL、成交值、负量指标、OBV、正量指标、PVT、成交量、SSL、邱氏量法、成本分布	成交量型有 N 字波动型和 O 轴穿越型 （1）N 字波动型：当指标突破股价 N 字型波动高点达到一定的次数时，为卖出区域；跌破则为买进区域 （2）O 轴穿越型：当指标向上或向下穿越平均线（参数值）时分别为卖出或买进信号
均线型	BBI、EXPMA、MA、VMA、HMA、LMA	即各种不同算法的平均线，主要通过短期均线穿越长期均线的结果，判断是否为买卖信号
图表型	K 线、美国线、压缩图、收盘价线、等量线、LOGB、LOGH、LOGK、等量 K 线、○ × 图、新三价线、宝塔线、新宝塔线	图表型指标是以 K 线为基础派生出来的价格图形，通过图形的特征形态及其组合，来判断买卖信号和预测涨跌
选股型	CSI、DX、PCNT%、TAPI、威力雷达、SV	选股型技术指标的主要用途是帮助投资者筛选有投资价值的股票
路径型	布林线、ENVELOPE、MIKE、风林火山	也称为压力支撑型，图形区分为上限带和下限带，上限代表压力，下限代表支撑。其指标图形特点是：股价向上触碰上限会回档，股价向下触碰下限会反弹，不同指标有不同的特殊含义
停损型	SAR、VTY	此类指标不仅具备停损的作用，而且具有反转交易的功能：股价上涨则停损圈圈（红色）位于股价下方；股价下跌则停损圈圈（绿色）位于股价上方；收盘价由下往上突破圈圈（绿色）为买进信号；收盘价由上往下跌破圈圈（红色）为卖出信号

2.3.2 使用量比指标

量比指标与各种技术指标完全不同，量比指标依据的是即时每分钟平均成交量与之前连续 5 个交易日每分钟平均成交量的比较，而不是随意抽取某一天的成交量作为比较，所以能够客观真实地反映盘口成交异动及其力度，其计算公式如下。

量比指标 = 当天即时（某分钟）成交量 ÷ 前 5 个交易日每分钟平均成交量。

量比指标所反映的是当前盘口的成交力度与最近 5 个交易日的成交力度的差别，这个差别的值越大，表明盘口成交越趋活跃，从某种意义上讲，越能体现主力即时做盘，准备随时展开攻击前蠢蠢欲动的盘口特征。在个股分时图的左下角，点击"量比"按钮，即可切换至"量比"指标窗口，如图 2-56 所示。

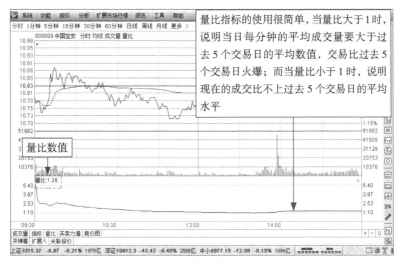

图2-56 "量比"指标窗口

量比指标反映了某一时间与前5个交易日平均成交量的对比结果,它的数值是倍数的意思。例如,量比指标值为1表明与前5个交易日某一时间成交相同,值为2就是前5个交易日的2倍,这说明成交量出现了放大迹象。

投资者在使用量比指标时,应遵守以下原则。

- 量比值标相对成交量的变化来讲有明显的滞后性。

- 量比指标线趋势向上运行时不可以卖出,直到量比指标线转头向下。若是突然出现放量,量比指标图上通常会有一个向上突破的趋势,越陡说明放量越大(刚开盘时可忽略不计)。

- 若出现缩量,量比指标会向下走。量比指标线趋势向下运行时,投资者切不可以买入,不管股价是创新高还是回落,短线投资者一定要回避向下的量比指标。

- 股价涨停后量比指标应快速向下拐头,如果股价涨停量比指标仍然有向上运行的趋势,说明可能有主力借涨停出货,投资者应当回避。

- 量比指标双线向上运行时,投资者应积极参与。如果股价上涨创新高的同时量比指标也同步上涨并创新高,这说明股价的上涨是受到量能放大的支撑,投资者应当积极买入或持股待涨。

- 股价下跌量比指标上升时应赶快离场,因为这时股价的下跌是受到放量下跌的影响,股价的下跌是可怕的。

- 量比数值大于1,说明当日每分钟的平均成交量大于过去5个交易日的平均数值,成交放大。

- 量比数值小于1,表明现在的成交比不上过去5个交易日的平均水平,成交萎缩。

- 在短线操作时，如果股价上首次放量上涨，要求量比指标不可超过 5，否则值太大对后期股价上涨无益；如果股价是连续放量，那要求量比值不可大于 3，否则有主力出货的可能。

综上所述，量比指标与 KDJ、MACD 等其他指标不同，它全面采用客观存在的资料，最能反映盘口的动态和力度。量比指标是短线高手的一个非常重要的研判工具，当其他指标失真时，量比指标则以其准确反映盘口异动来为投资者指明方向，而那些以指标曲线金叉与死叉的信号作为买卖依据的投资者更应该重视量比指标对于短线操作的重要性。

2.3.3　使用买卖力道指标

买卖力道指标是衡量买卖双方力量大小的指标，其算法是将所有买盘之和减去所有卖盘之和。在个股分时图的左下角，点击"买卖力道"按钮，即可切换至"买卖力道"指标窗口，如图 2-57 所示。

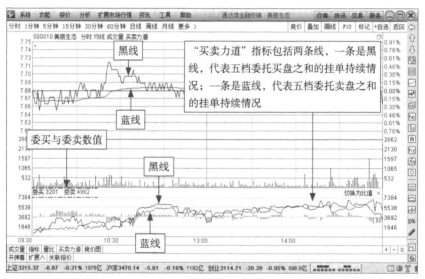

图 2-57　"买卖力道"指标窗口

"买卖力道"指标的走势分析如下。

- 黑线急速上升，说明挂买单的数量骤然增加；黑线缓慢上升，说明挂买单的数量稳定增加。

- 黑线急速下降，说明挂买单的数量骤然减少；黑线缓慢下降，说明挂买单的数量稳定减少。

- 蓝线急速上升，说明挂卖单的数量骤然增加；蓝线缓慢上升，说明挂卖单的数量稳定增加。

- 蓝线急速下降，说明挂卖单的数量骤然减少；蓝线缓慢下降，说明挂卖单的数量稳定减少。
- 黑线在蓝线的上方，说明该时段累计对应的挂单买入的数量多于挂单卖出的数量，即在买卖双方中，累计想要买入的单子多于想要卖出的单子，买方意愿总体较卖方意愿强烈。
- 蓝线在黑线的上方，说明该时段累计对应的挂单卖出的数量多于累计挂单买入的数量，即在买卖双方中，累计想要卖出的单子多于累计想要买入的单子，卖方意愿较买方意愿相对强烈。

图2-58为兰花科创（600123）2016年12月8日的分时图，图中B段黑线在蓝线的上方，说明该时段对应的累计委托买入的数量多于累计委托卖出的数量。

在"买卖力道"指标窗口中，买卖力道还包含红色柱状线和绿色柱状线，用以观察委差的持续变化情况。（委差即五档委托买入之和减去五档委托卖出之和，用以反映买卖双方的力量对比。）

（1）红柱代表委差为正数。委托买入的数量大于委托卖出的数量。

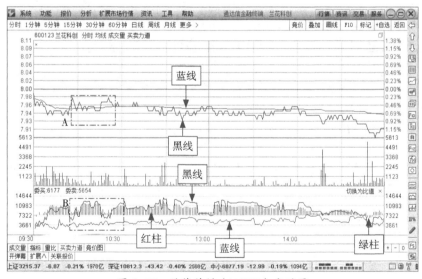

图2-58　兰花科创（600123）分时图

- 红柱越来越长，说明在挂单想参与交易的买卖双方之中，买方数量较多，买方意愿强于卖方意愿，且与卖方之间的差距越来越大。
- 红柱越来越短，说明买方意愿强于卖方意愿，但二者之间的差距越来越小。
- 红柱变绿柱，说明卖方意愿逐渐占据上风。

（2）**绿柱代表委差为负数。**委托买入的数量少于委托卖出的数量。

- 绿柱越来越长，说明在挂单想参与交易的双方之中，卖方数量较多，卖方意愿强于买方意愿，且买卖双方意愿之间的差距越来越大。

- 绿柱越来越短，说明卖方意愿强于买方意愿，但二者之间的差距越来越小。

- 绿柱变红柱，说明买方意愿逐渐占据上风。

专家提醒

对于每天盯盘的投资者来说，分时走势图这个版面要重点观察的区域有4个：一是分时走势，二是挂单情况，三是成交情况，四是买卖力道。对于初学看盘的投资者来说，由于买卖挂单情况随时在变化，很容易让新手们眼花缭乱。因此，对于初学者来说，刚开始还需要借助于技术指标进行分析。

2.3.4 使用竞价图指标

"竞价图"指标是一种竞价走势图，是多空双方在盘前暗自较量的反映，特别是决定当日的开盘价，对一天的走势有一定的指导意义。在个股分时图的左下角，点击"竞价图"按钮，即可切换至"竞价图"指标窗口，如图2-59所示。

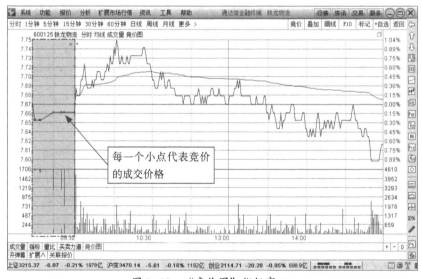

图 2-59 "竞价图"指标窗口

无论对于个股还是大盘，开盘都为当天的走势定下基调，其重要性不言而喻，特别是在集合竞价阶段，一些股民常常忽视集合竞价对于大盘走势的影响力。事实上，集合竞价的意义在于按供求关系校正股价，可初步反映出价、量情况及大户进出动态。在无新股上市的情况下，集合竞价往往反映出市场对当天走向的看法。

具体来说，集合竞价中的主要盘面信息如表 2-3 所示。

表 2-3　集合竞价中的主要盘面信息

基本形式	盘面信息
高开	如果股价处于 K 线低位，则高开是好事；如果股价处于 K 线高位，高开则多半是主力开始出货了
低开	如果股价处于 K 线低位，则投资者需要注意新的一波下跌；如果股价处于 K 线高位，低开则往往是股票大跌的象征
平开	没多大分析意义，主要看前一天涨跌情况
挂单踊跃	如果一只个股买盘挂单都特别大，则往往意味着该股将会出现异动。具体参考状况可以参考"高开"
挂单稀疏	挂单稀疏的个股，当日的行情往往不被看好
涨停价挂单	机构拉升使得个股在集合竞价的时候就奔向涨停，这些个股如果要去追，就要看投资者的速度了
跌停价挂单	机构出货使得个股在集合竞价的时候就奔向跌停，这些个股如果要想及时出货，也是需要看投资者的反应速度的
有没有人打价格战	所谓价格优先，就是买的时候价格越高越好，卖的时候价格越低越好，投资者在集合竞价的时候可以去观察：如果有人抢着买入，那么就看涨；如果有人抢着卖出，则看跌

集合竞价决定开盘价，而开盘价一定程度上决定了一天的交易涨跌幅度。所以，集合竞价成了想吸筹或是想派发的机构必争之地。由于机构的席位可以直接挂入交易所，而投资者需要通过证券公司的中介作用才能实行委托，事实上，投资者的动作通常都慢于机构。因此，投资者有必要研究集合竞价，利用"价格优先，时间优先"的交易规则来获取胜利。

2.4　手机看分时图，随时掌握行情变化

有数据显示，中国的股民中有 90% 的人无法经常到证券营业厅看行情并进行交易，而电话委托交易的费用较高，并且时常占线。电话委托和网上交易终端的固定性决定了不能随时随地进行交易，而手提电脑也不能老带着。手机炒股克服了以上不足，这

是其受青睐的主要原因。本节将以同花顺手机版为例，介绍使用手机看分时图的相关方法和技巧，帮助读者随时掌握股市行情变化。

专家提醒

> 某些品牌手机会预装供用户下载软件的应用商店，在网络允许的情况下，可以直接在手机的应用商店下载软件，这样就不需要通过计算机来传输。对于手机本身没有应用商店的用户，也可以先安装一个应用商店 APP，如应用宝、360 手机助手等，方便自己下载软件应用。

2.4.1 在手机中查看大盘分时图

同花顺手机炒股软件具有行情交易速度快、数据全、支持券商多等优势。使用同花顺手机炒股软件看大盘分时走势图的具体操作方法如下。

步骤① 打开同花顺手机交易软件，登录主界面，点击"大盘指数"按钮，如图 2-60 所示。执行操作后，进入"市场行情"界面，显示国内外的常见指数，如图 2-61 所示。

步骤② 选择某种大盘指数后，点击进入其分时走势页面，如图 2-62 所示。

步骤③ 在分时图上可点击显示与移动光标，并以浮动框显示光标时间点的分时数据信息，如图 2-63 所示。

图 2-60　"同花顺手机交易软件"主界面　　　图 2-61　"市场行情"界面

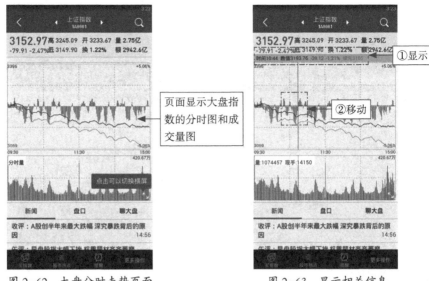

图 2-62　大盘分时走势页面　　　　　　图 2-63　显示相关信息

步骤④ 使用手机看分时图时，用户也可以结合 K 线图走势进行分析，以提高预测准确度。按住屏幕向左翻动，即可进入大盘 K 线图页面，如图 2-64 所示。

步骤⑤ 在 K 线图上可点击显示光标，并可以查看光标时间点的相关数据信息，如图 2-65 所示。

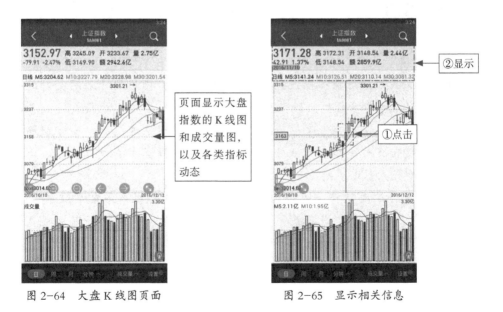

图 2-64　大盘 K 线图页面　　　　　　图 2-65　显示相关信息

步骤⑥ 点击 "60 分" 按钮，在弹出的底部菜单中可以选择 K 线周期，如图 2-66 所示。

步骤 ⑦ 点击"成交量"按钮，在弹出的底部菜单中可以选择K线图的辅助指标，如图2-67所示。

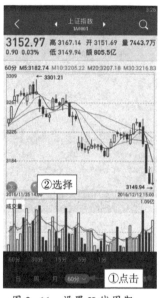

图2-66　设置K线周期

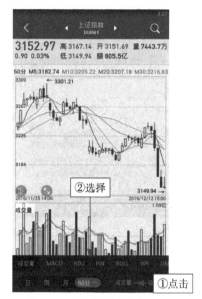

图2-67　设置辅助指标

专家提醒

同花顺手机炒股软件的特点为行情交易速度快、数据全、支持券商多，其主要功能如下。

- 全面的市场行情：权证、沪深行情、基金、期货及外汇等，及时提供专业证券资讯，还能看热度和评论。

- 行情数据快，在线交易安全：行情数据实时快速更新，安全快速在线委托交易；海量专业资讯及时更新，让投资者的投资决策、下单买卖先人一步。

- 更多的券商支持，可以模拟炒股：同花顺手机炒股软件支持全国90%的券商，支持多品种券商行情查询；另外，用户可以免费获得20万模拟炒股资金，帮助新手快速学会炒股要点。

- 免费的特色服务：智能选股、股价预警、主力买卖、成交统计、MACD、问财选股及云参数选股等特色服务免费使用，多平台云同步，随时掌握自选股信息。

2.4.2　在手机中查看个股分时图

使用同花顺手机炒股软件看个股分时走势图的具体操作方法如下。

步骤① 在同花顺主界面点击右上角的搜索按钮"$\boxed{Q}$"，如图 2-68 所示。

步骤② 执行操作后，进入"股票搜索"界面，在搜索框中输入相应的股票代码或名称，如民生银行的股票代码"600016"，如图 2-69 所示。输入完成后，即可自动切换至民生银行的分时图界面，如图 2-70 所示。

图 2-68　点击"搜索"按钮

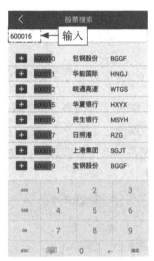

图 2-69　"股票搜索"界面

步骤③ 按住屏幕向左翻动，即可进入民生银行的 K 线走势图页面，显示个股的 K 线图、成交量以及相关指标信息，如图 2-71 所示。

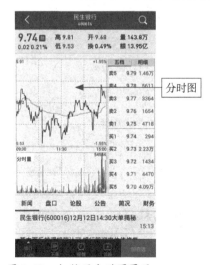

图 2-70　切换至分时图界面

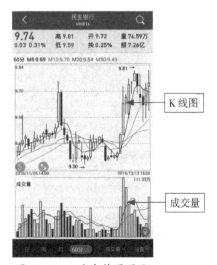

图 2-71　K 线走势图页面

2.5 通过手机 APP 分析股票盘口信息

股市作为目前最大的投资市场，长期以来都占据着人们投资理财最重要的位置。随着移动互联网技术的进步、市场的发展，如今人们开始使用手机查阅各种股票信息。对于新手投资者来说，当看到股市分时盘面时，常常会被各种复杂的数据与曲线弄得头昏脑胀。实际上，投资者可以通过手机 APP 快速了解这些内容，轻松看懂各种分时图的盘口信息，更准确地找到股价的运行方向。

2.5.1 获取最新的财经新闻

移动互联网上有很多与股票相关的网站与 APP，这些网站与 APP 集财经信息、个股查询、股票论坛等服务于一身，为投资者投资股票提供了不少有用的信息。

使用同花顺手机炒股软件，在分时图中就可以查看当前股票的相关新闻，具体操作方法如下。

步骤① 在同花顺 APP 中，进入个股分时图界面，点击底部的"新闻"按钮，如图 2-72 所示。

步骤② 向上滑动屏幕，执行操作后，即可查看最新的财经新闻列表，如图 2-73 所示。

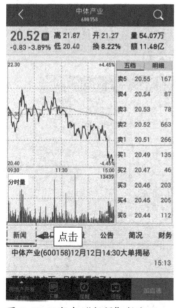

图 2-72 点击"新闻"按钮

图 2-73 最新的财经新闻列表

步骤③ 点击相应新闻标题，即可查看具体内容，如图 2-74 所示。

图 2-74　查看具体内容

2.5.2　查看个股的盘口动态

使用同花顺手机炒股软件查看个股盘口动态信息的具体操作方法如下。

步骤① 在个股分时图界面，点击底部的"盘口"按钮，如图 2-75 所示。

步骤② 向上滑动屏幕，执行操作后，即可查看个股今日资金流向和盘口数据，如图 2-76 所示。

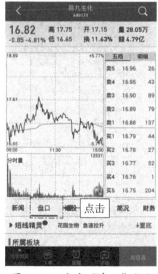

图 2-75　点击"盘口"按钮

图 2-76　"盘口"界面

2.5.3　查看个股的基本信息

使用同花顺手机炒股软件，用户可以评价个股，查看个股的公告、简况、财务以及研报等基本信息，具体操作方法如下。

步骤 ① 进入个股分时图界面，点击底部的"论股"按钮，如图 2-77 所示。

步骤 ② 向上滑动屏幕，即可查看其他投资者对该股的评论，如图 2-78 所示。

图 2-77　点击"论股"按钮

图 2-78　"论股"界面

步骤 ③ 切换至"公告"界面，可以查看该股的相关公告，如图 2-79 所示。

步骤 ④ 切换至"简况"界面，可以查看该股的主要指标、概念题材以及公司资料等基本信息，如图 2-80 所示。

图 2-79　"公告"界面

图 2-80　"简况"界面

步骤⑤ 点击相应区域右侧的"更多"按钮即可查看相关详情，如图2-81所示。

步骤⑥ 切换至"财务"界面，即可查看个股的财务状况，如图2-82所示。

图2-81　查看相关详情　　　　　图2-82　个股的财务状况

步骤⑦ 点击主要指标区域右侧的"更多"按钮，即可查看个股指标的最新详情，如图2-83所示。

步骤⑧ 点击底部菜单栏中的"年报"按钮，即可查看上一年的年报数据，如图2-84所示。用户还可以查看中报、一季报、三季报等数据。

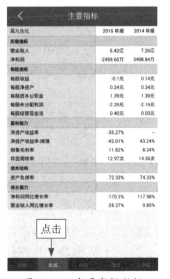

图2-83　主要指标详情　　　　　图2-84　查看年报数据

步骤 ⑨ 切换至"研报"界面，即可查看个股的研报信息列表，如图 2-85 所示。

步骤 ⑩ 点击相应的研报标题，即可查看资讯正文，如图 2-86 所示。

图 2-85　研报信息列表

图 2-86　查看资讯正文

2.5.4　设置个股价格预警

股票预警能帮助投资者在瞬息万变的股市上监控股票价格变动的情况。投资者可以通过手机 APP 自定义价格涨跌、幅度甚至是高手买卖等一系列的预警条件。

股票预警的意义如下。

- 投资者无需每天守在计算机前盯着盘面而耽误处理其它事情。

- 外出或者开会以及遇到一些特殊事情的时候，投资者能第一时间知道股票的涨跌情况以及买卖点。

- 不会因为时间不够等原因耽误看盘。

- 可以设定心理预期价。

使用同花顺手机炒股软件设置个股价格预警的具体操作方法如下。

步骤 ① 在个股分时图界面，点击底部的"提醒"按钮，如图 2-87 所示。

步骤 ② 执行操作后，弹出相应菜单，点击"预警"选项，如图 2-88 所示。

步骤 ③ 进入"添加预警"界面，同花顺提供了"程序预警"和"短信预警"两种方式。例如，选择"程序预警"选项，在下方的"预警条件"选项区中设置相应的条件，如图 2-89 所示。点击"完成"按钮，即可完成预警设置。

步骤④ 用户也可以在"提醒"菜单中点击"笔记"选项，进入"股市笔记"界面，添加相应的笔记，记录自己的感悟、选股心得等，并可以添加"定时提醒"，如图 2-90 所示。

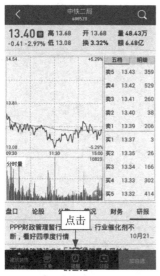

图 2-87　点击"提醒"按钮

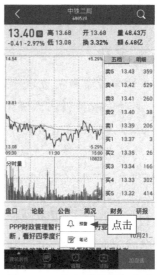

图 2-88　点击"预警"选项

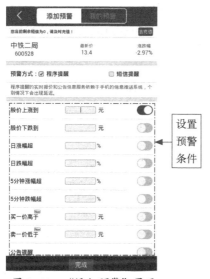

图 2-89　"添加预警"界面

图 2-90　"股市笔记"界面

　　投资者可以设定一只股票的涨跌预警价格或幅度，当股价运行到预警价位或幅度时，用户将自动收到提醒信息，内容通常包含股票代码、名称、预警信息等。

短信示例如下。

预警未达到条件：今日金龙汽车（600686）未达预警点 10，收 9.27 涨 –2.11% 开 9.35 高 9.45 低 9.32。【浙江同花顺】

预警达到条件：中海发展（600026）14：48 的股价为 13.30 元，低于下破价格 13.30 元。【浙江同花顺】

专家提醒

股票预警最常用的方式有以下 3 种。

- 实时的软件弹出预警消息，多种软件都提供这种功能。
- 股票短信预警，即实时收到预警短信，网上有免费的股票短信预警网。
- 股票电话预警，即实时收到预警电话，这种方式比较少见。

2.5.5 查看个股诊断信息

个股诊断通常是从基本面、技术面、机构认同度三方面入手，为投资者关心的股票提供准确科学的诊断结果，有效测评股票内在的投资价值及市场价值。

使用同花顺手机炒股软件查看个股诊断信息的具体操作方法如下。

步骤 ① 在个股分时图界面，点击底部的"诊股"按钮，如图 2-91 所示。执行操作后，进入"诊股"界面，显示该股的综合诊断评分、排名、操作建议、技术面分析以及资金面分析等，如图 2-92 所示。

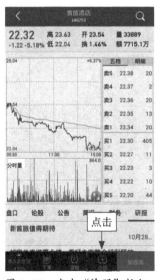

图 2-91 点击"诊股"按钮

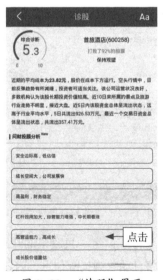

图 2-92 "诊股"界面

步骤② 点击"技术面分析"按钮，即可展开技术面分析区，如图 2-93 所示。

步骤③ 点击相应的技术分析项目，即可查看该股的历史详情，如图 2-94 所示。

图 2-93　展开技术面分析区

图 2-94　个股技术分析项目历史详情

步骤④ 向上滑动屏幕，还可以查看个股的资金面分析、消息面分析、基本面分析等内容，如图 2-95 所示。

步骤⑤ 点击资金面分析中的相应分析项目，即可查看该股的资金流向详情，如图 2-96 所示。

图 2-95　其它分析项目

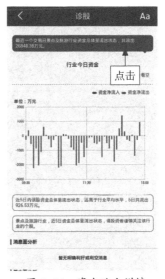

图 2-96　资金流向详情

步骤 6 点击 "诊股" 界面底部的 "高级诊股" 按钮，用户可以还购买同花顺的手机诊股工具，获得更加专业的诊断建议，如图 2-97 所示。

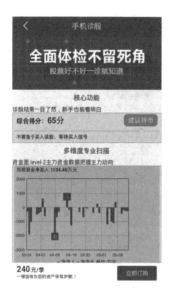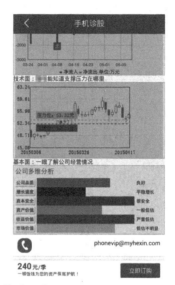

图 2-97　同花顺手机诊股工具

第3章
开盘的 分时图形态

学前提示

开盘，是指某只股票在一天交易中的开始阶段，也是市场中主力进行操盘的开始，拉开了市场中多空双方斗争的序幕。开盘股价的变化，对全天以至于未来一段时间的运行趋势都有深远影响。因此，投资者必须善于分析不同的开盘形态，判断行情的走向。

要点展示

≫ 开盘基础看点

≫ 开盘后的盘面玄机

≫ 寻找开盘后的买卖点

3.1 开盘基础看点

在股市中，投资者需要面对的数据有很多。在开盘时，投资者应该对一些重点的数据有所关注。根据看盘时间的不同，开盘看盘可以分为集合竞价、开盘5分钟、开盘半小时三个阶段。本节将对开盘时投资者一般需要关注的具体数据进行介绍，避免投资者在开盘瞬间无所适从。

3.1.1 开盘价的重要性

股票市场与外汇市场有很大的区别，它并不是24小时连续交易的，每个交易日的交易时间仅在4个小时左右，可以将其分为开盘、中盘、尾盘三个阶段，并且每个阶段都有其相应的技巧。当股票收盘后，投资者不能再继续交易，必须要等到第二天开盘时才能进行交易。在前一天股票收盘后，往往有一些消息或者政策出台，这些消息和政策的出台会对长期股市有深远的影响。因为此时股价已经停板，而这些影响要等到第二天开盘时才能体现出来，因此股市在每一个交易日的开盘时都会对前一日收盘后当天开盘前这段时间内的消息有所体现。

图3-1所示为神州高铁（000008）2016年2月17日的分时图。从图中可以看到，在该交易日的开盘之时，股价出现了小幅跳空高开的走势，开盘后一路走高，接近涨停。

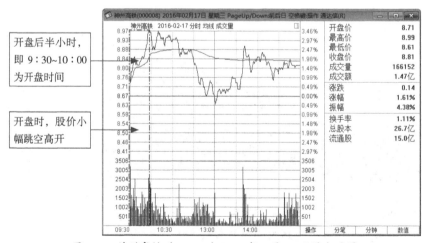

图3-1 神州高铁（000008）2016年2月17日的分时图

在开盘阶段，中立机构如何开盘，在什么位置开盘，是选择高开还是低开，含义都是不同的。不仅散户关注开盘，一些主力机构也十分重视开盘。散户要想跟着主力进行买入和卖出，就必须更加关注开盘时的股价走势，深入研究主力资金的动向，以达到跟着主力进行交易的目的。

3.1.2　集合竞价的看盘要点

投资者在开盘时关注的数据之一就是集合竞价，这是分析开盘走势时重要的数据之一。集合竞价是指在股票每个交易日上午9：15～9：25，由投资者按照自己所能接受的心理价格自由地进行买卖申请。

所谓集合竞价，就是在当天还没有开盘之前，投资者根据前一天的收盘价和对当日股市的预测来输入股票价格，在集合竞价时间里输入计算机主机的所有下单，按照价格优先和时间优先的原则计算出最大成交量的价格，这个价格就是集合竞价的成交价格，这个过程被称为集合竞价。集合竞价的撮合原则如图3-2所示。

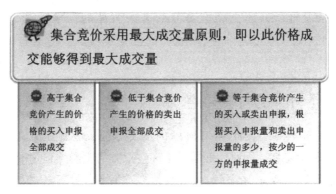

图 3-2　集合竞价的撮合原则

到当天9：25以后，就可以看到各股票集合竞价的成交价格和数量。有时某只股票因买入人给出的价格低于卖出人给出的价格而不能成交，那么，9：25后该股票的成交价一栏就是空的。当然，有时有的公司因为要发布消息或召开股东大会而停止交易一段时间，那么集合竞价时该公司股票的成交价一栏也是空的。

因为集合竞价是按照最大成交量的价格成交的，所以对于普通投资者来说，在集合竞价时间，只要输入的股票价格高于实际的成交价格就可以成交，当然，如果按涨停价买或按跌停价卖则保证优先成交。所以，散户如果希望在集合竞价时优先买到股票，通常可以把价格打得高一些，目的是获得优先成交权，因为你的成交价是较低的集合竞价。另外，散户买入股票的数量不会很大，一般不会对该股票的集合竞价价格产生什么影响。

如果上个交易日的K线形态不同，则次日股票集合竞价时所产生的开盘价所指示的盘面意义也有所不同。

- 如果上个交易日为阳线，在集合竞价后，股票以高于上个交易日的最高价开盘，说明买方势力比较强大，此时就要进行判断。在集合竞价后，股票的开盘价在上个交易日阳线的实体内，说明卖方随时都有可能进行反攻。

- 如果上个交易日为带上下影线的阴线，在集合竞价后，股票以高于上个交易日的最高价开盘，说明股价将暴涨，此时投资者可以在利好时机逢低吸纳，进入股市。

在集合竞价后，股票的开盘价在上个交易日下影线内（即在上个交易日的最低价和收盘价之间），说明卖方势力继续增强，后市将沿着下跌趋势继续发展。如果开盘价低于上个交易日的最低价，说明卖方占了绝对的优势，趋势看跌。

专家提醒

在集合竞价后，如果股价以介于上个交易日的开盘价与最高价之间的价格开盘，说明买方在试探卖方的实力，此时散户必须根据卖方的抛压决定操作。如果股价以介于上个交易日的K线实体的价格开盘，说明买卖双方实力没有太大的变化，散户投资者须进一步观察。

3.1.3　开盘5分钟的看盘要点

股市一般9：30开盘，因此9：30以后一天的股票交易盘正式拉开序幕。在此时间内，由于刚刚开始交易，因此一般情况下多空双方的交易并不是十分活跃，投资者一般情况下应该多看少参与。在此段时间内，尽管交易的人数不多，但是一般资金雄厚，因此价格波动的范围相当大。尤其是股价在开盘后的前5分钟内的分时走势，往往决定了股价当日的主基调。根据涨跌情况和股价所处位置的不同，开盘前5分钟的盘面分析意义也不同。

1. 根据涨跌情况

根据开盘5分钟内的股价涨跌趋势不同，可以分为如图3-3所示的两种情况。

开盘5分钟上涨	如果股价在开盘5分钟内上涨超过3%，则当日股价走势比较强势，尤其是高开之后迅速走高，意味该股要冲击涨停
开盘5分钟下跌	如果股价在开盘5分钟内下跌超过5%，则当日股价走势比较疲弱，尤其是低开之后迅速走低，意味该股要冲击跌停

图3-3　开盘5分钟内根据股价涨跌分析趋势

2．根据股价所处的位置

根据股价所处的位置不同，开盘5分钟之内的盘面分析有如图3-4所示的两种情况。

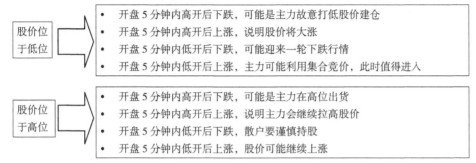

图3-4　开盘5分钟内根据股价所处的不同位置分析趋势

专家提醒

如果前一天收盘后有重大的消息出现，则投资者可在第二天开盘前15分钟内积极入场交易。因为此时受到前一天重大利空或者利多消息的影响，股价往往会在开盘后出现大幅跳水或者拉升。

3.1.4　开盘半小时的看盘要点

每个交易日的开盘半小时，是买卖双方交战最激烈的阶段，彼此都会用一些手段来达到自己的目的，因此，分析开盘30分钟的股价走势，对股价大势的研判有着十分重要的意义。按照间隔10分钟的时间划分，开盘半小时可以分为三个阶段，如图3-5所示。

（1）9：30～9：40。此时是多空双方极为关注的时间段，当然也是投资者最应留心的时段。这10分钟之所以重要，是因为此时参与交易的股民人数不多，盘中买卖量都不是很大，因此用不大的资金量即可达到目的，花钱少，效益大。开盘第一个10分钟的市场表现有助于正确地判断市场走势的强弱。

* 强势市场：多方为了充分吸筹，开盘后会迫不及待地买进，而空方为了完成派发，也会故意拉高，于是造成开盘后的急速冲高。

* 弱势市场：多方为了吃到便宜货，会在开盘时即向下打低股价，而空头也会不顾一切地抛售，造成开盘后的急速下跌。

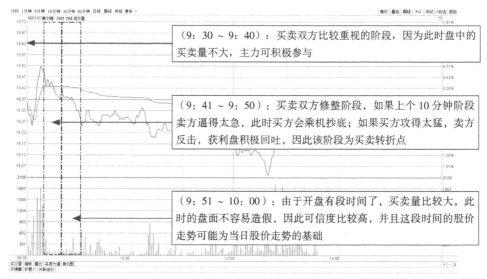

（9：30～9：40）：买卖双方比较重视的阶段，因为此时盘中的买卖量不大，主力可积极参与

（9：41～9：50）：买卖双方修整阶段，如果上个10分钟阶段卖方逼得太急，此时买方会乘机抄底；如果买方攻得太猛，卖方反击，获利盘积极回吐，因此该阶段为买卖转折点

（9：51～10：00）：由于开盘有段时间了，买卖量比较大，此时的盘面不容易造假，因此可信度比较高，并且这段时间的股价走势可能为当日股价走势的基础

图3-5　开盘半小时的盘面分析

（2）9：41～9：50。经过第一个10分钟的搏杀，开盘后第二个10分钟多空双方会进入修整阶段。这段时间是投资者买入或卖出的一个转折点，一般会对原有趋势进行修正。

- 如果空方逼得太猛，多方会组织反击，抄底盘会积极参与。
- 如果多方攻得太猛，空方也会予以反击，获利盘会积极回吐。

（3）9：51～10：00。随着交易者逐渐增多，多空双方经过前面的较量，互相摸底，第三个10分钟的买卖盘变得较实在，因此可信度较大。这段时间的走势基本上可成为全天趋势的基础。投资者应充分关注这段时间量价的变化，为自己的决策做好准备。

专家提醒

开盘半小时的其他盘面分析如下。

- 如果9：40、9：50股价低于开盘价，10：00的股价高于开盘价，说明空方力量大于多方，由于多方积极反击，底部支撑较为有力，当日可能以有支撑的探底反弹阴线收盘。
- 如果9：40股价低于开盘价，9：50、10：00的股价都高于开盘价，说明空方防线被多方击破，股价将震荡向上。

- 如果 9：40 股价高于开盘价，9：50、10：00 的股价都低于开盘价，说明买卖双方实力相当，但由于空方比多方稍强，股价将出现震荡拉高出货趋势。

3.2 开盘后的盘面玄机

开盘后的盘面变化对整个交易日的股价走势有着重要的影响，尤其是开盘价与前一日收盘价相比，其所谓的高开、低开或者平开对后市的预测均不同，此时再加上成交量的配合，可以使投资者很好地预测出后市的行情。

3.2.1 开盘后放量涨停分时走势盘面

高开是指股价在开盘时开盘价明显高于前一天的收盘价，但高开并不意味着当天股票就能上涨，具体的走势还需要根据成交量的配合进行分析。如果在高开后，股票一路走高直至涨停，说明多头的力量非常强大，这个涨停板投资者是可以追的。

图 3-6 为深康佳 A（000016）2016 年 2 月 16 日的分时图。股价在开盘时开盘价高于前一天的收盘价，也就是出现了高开的迹象。此后，股价开始向上拉升，当成交量出现巨量时股价开始涨停。这说明多头的推动能力非常强，而且从左侧的 K 线图可以看到，此时的股价刚刚突破盘整区域，正在向上发力，因此是投资者买入的良好时机。

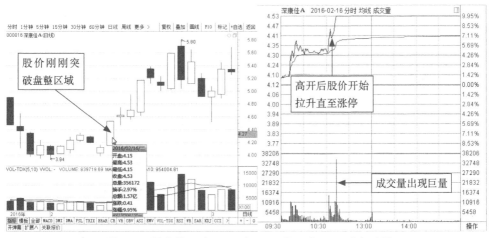

图 3-6　深康佳 A（000016）2016 年 2 月 16 日的分时图

3.2.2　高开高走分时走势盘面

高开高走是指股票当日的开盘价高于上一个交易日的收盘价，且在整个交易日过程中，股价保持上涨趋势，最终以高于上一个交易日的收盘价的价格报收，且成交价曲线和平均价曲线都在上一个交易日收盘价上方，如图3-7所示。高开高走一般表明多头具有强大的推动力，后市一般也会强势上涨。

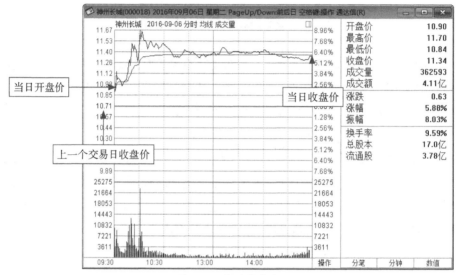

图 3-7　高开高走盘

根据高开高走分时出现的位置不同，可以将其分为以下两种情况。

（1）低位高开高走。如果股价在阶段性低位出现高开高走分时图，投资者可等待股价出现新低之后再进仓。

（2）高位高开高走。如果股价在阶段性高位出现高开高走分时图，则股价已经见顶，上涨的可能性不大，投资者需及时逢高卖出。

专家提醒

在底部建仓阶段，若股价出现高开高走，则说明主力在主动再度拉升股价建仓。如果量能未放大，则说明主力试盘动作不明显，在悄悄进行，股价后市仍将在底部整理；如果量能放大，则说明主力攻击力强，股价可能在不久后会被拉升。

在股价高位见顶的时候，若股价出现高开高走，则说明主力将要大规模出货，股价可能在顶部震荡，形成头部。

• 若当日量能未放大，说明主力出货力度不大，参与度较高。

- 若当日量能急剧放大，量比值较高，换手率也较高，说明主力故意拉高股价，吸引不理智的跟风盘追涨，但这只是黑暗前的最后一点曙光，一旦股价被拉至主力的出货价格，那么后市必然是汹涌的下跌行情。因此，投资者切不可在高位追涨。

3.2.3 高开低走分时走势盘面

高开低走与低开高走刚好相反，是指股价指数在前一交易日收市点位以上开市，随着交易的进行，股价指数不断下跌，整个交易日都呈现下跌趋势，并且跌破上一个交易日的收盘价，在分时图上表现出左高右低震荡向下的曲线，如图 3-8 所示。

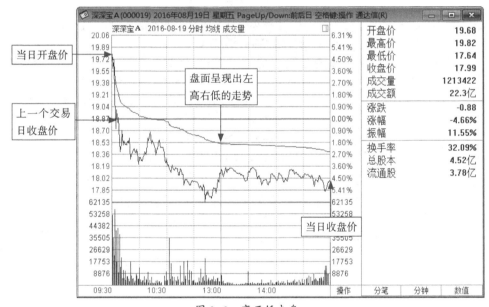

图 3-8 高开低走盘

根据高开低走分时出现的位置不同，可以将其分为以下两种情况。

（1）**低位高开低走**。若股价在阶段性低位出现高开低走分时图，则股价继续下跌的空间有限，投资者可在此时采取逢低吸纳的投资策略。

（2）**高位高开低走**。若股价在阶段性高位出现高开低走分时图，则股价即将见顶，上涨的可能性不大，投资者可考虑在近期内逢高卖出。

高开低走出现在不同的阶段，其代表的意义也不同，如表 3-1 所示。

表3-1　不同阶段高开低走的盘面意义

阶段	盘面分析	投资策略
底部建仓阶段	如果当日股价高开低走，则是主力有意高开试盘，测试盘中的中小机构和散户的持筹耐心和抛压力度，为进一步建仓或者拉升做准备	• 如果向下打低股价量能没有有效放大，则是盘中筹码锁定稳定性较好，底部调整仍将继续 • 如果放量（量比1倍以上）打低股价，则是主力有意压低建仓，底部中小机构和散户筹码松动，恐慌盘涌出，后市下跌空间有限，短线机会即将来临，中线机会较大
股价拉升阶段初期	如果当日股价高开低走，则是主力欲加速发力上攻，以脱离建仓成本区	• 如果当日量能没有有效放大，则是主力有意向下打低股价，完成拉升前最后一次整理动作，由于主力基本控盘，因此跌幅空间有限，极有可能在重要支撑位附近企稳 • 如果当日放量（量比3倍以上）打低股价，换手率5%以上，则是主力投入大量资金，盘中震仓整理力度较大，同时，也证明股价将进入上升快速干线，上涨空间巨大，短中线机会巨大
股价拉升阶段中期	如果当日股价高开低走，则是主力欲实现盘中震仓意图，股价上涨趋势不变，逢低还可加仓	• 如果当日量能没有有效放大，则是主力基本控盘，因此震仓力度不大 • 如果当日放量（量比3倍以上）打低股价，换手率10%以上，则是主力大力出货，股价将出现阶段性见顶现象，上涨空间有限，短线在重要支撑位进场机会较大，中线机会一般
股价拉升阶段末期	如果当日股价高开低走，则是主力大量出货导致的下跌行为，股价已经见顶	• 如果当日量能没有有效放大，则是主力出货量较小，因此跌幅空间有限 • 如果当日放量（量比3倍以上）下跌，换手率10%以上，则是主力大力出货，股价已经见顶，短中线风险较大
股价盘头阶段初中期	如果当日股价高开低走，则是主力早盘诱多性的出货式打低股价行为，股价将完成最后的震荡诱多，形成第二个或第三个头部	• 如果当日量能没有有效放大，则是主力出货量较少，因此跌幅有限 • 如果当日放量（量比3倍以上）攻击，换手率3%以上，则是主力大力出货，股价完全见顶，短中线风险巨大
股价盘头阶段末期	如果当日股价高开低走，则是主力早盘诱多性的出货式打低股价行为，股价将直接震荡盘跌	• 如果当日量能没有有效放大，则是主力已经基本出货完毕，因此盘跌即将开始 • 如果当日放量（量比1倍以上）攻击，换手率3%以上，则是主力大力出货，股价即将进入下跌通道，暴跌随即展开，短中线风险巨大
股价下跌阶段初、中期	如果当日股价高开低走，则是主力进行最后通过高开吸引跟风资金进场接盘，然后大力出货，股价将在头部平台附近遇阻而震荡回落	• 如果当日量能没有有效放大，则是主力没有投入资金滚动对敲，说明基本出货完毕 • 如果当日放量（量比1倍以上）下跌，换手率1%～3%以上，则是主力通过高开吸引跟风资金进场接盘，然后大力出货，后市即将暴跌，短中线风险巨大

3.2.4　低开低走分时走势盘面

低开低走即开盘价低于昨日收盘价，然后开始往下落，且在整个交易日中股价持续下跌，收盘时收盘价也低于昨日收盘价。在分时图中表现为左高右低的形态，如图3-9所示。

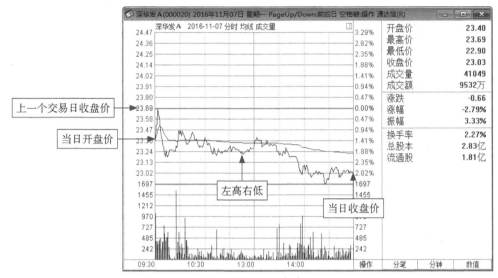

图 3-9　低开低走盘

根据低开低走分时出现的位置不同，可以将其分为不同的情况，如表3-2所示。

表 3-2　不同阶段低开低走的盘面意义

阶段	盘面分析	投资策略
底部建仓阶段	如果某日股价出现低开低走走势，则说明主力在进行试盘操作	投资者应保持观望，待主力建仓完毕，开始拉抬股价时参与买卖
横盘整理阶段	在股价横盘整理时出现低开低走形态，有可能是主力在进行整理或者试盘操作	投资者可以继续观望
股价高位阶段	股价阶段性地在高位出现低开低走形态，这种情况有可能是主力要出货了，如果成交量未有大幅放量的迹象，量比值也较低，则表明主力在悄悄出货，怕引起投资者关注；如果成交量放量，说明主力出逃意愿明显，不再留恋该股	在高位股价低开低走通常表明下行力量或形成，持有的投资者可以适当减仓，短期内可能有下行的趋势

3.2.5 低开高走分时走势盘面

低开高走简单说就是：开盘价低于上一交易日收盘价，而收盘时收盘价却高于上一交易日收盘价。在分时图上表现为成交价曲线和平均价曲线都形成左低右高震荡上升的曲线，如图 3-10 所示。

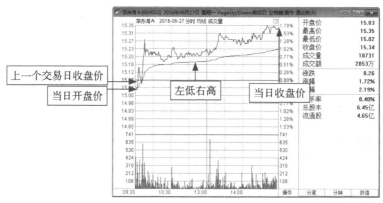

图 3-10 低开高走盘

由于股价容易受消息影响，在人们普遍预期不好或有大利空消息时开盘容易低开；但经过情况好转或利好消息传来，股价回升高于开盘价，形成低开高走。若个股探底回升的幅度超过跌幅的 50%，则短期内上涨概率较大，投资者可在上一个交易日的收盘价上挂单买进。

根据低开高走分时出现的位置不同，可以将其分为不同的情况，如表 3-3 所示。

表 3-3 不同阶段低开高走的盘面意义

阶段	盘面分析	投资策略
底部建仓阶段	如果当日出现低开高走的分时图，则是主力短暂拉升试盘动作。如果量能没有放大，则试盘还未结束，主力仍会继续建仓，股价继续在底部运行；如果量能放大，则为主力有意再度拉升股价建仓	投资者应观望，并随时准备入场
股价拉升初期	如果股价当日出现低开高走的分时图，则是主力开始主动拉升股价。如果量能没有放大，则说明盘中筹码较为稳定，没有中途获利盘涌出，主力控制住了大部分筹码；如果量能放大，并且换手率高，则为主力大举拉升股价，后期涨幅可观	投资者可以在相对低位介入
股价拉升末期	若股价出现低开高走的走势，则说明主力在做最后的拉升操作，拉升即将结束。主力拉高股价吸引跟风盘，进行有多操作，为将来出货做准备	投资者应谨慎操作，随时准备出货
股价高位阶段	当股价处于顶部区域，若出现低开高走的走势，则说明主力利用平台上股价的小幅震荡进行出货动作，若换手率高，则更加验证了这一现象	投资者应果断离场

3.2.6 平开低走分时走势盘面

平开低走是指股票当天的开盘价与上一日的收盘价基本持平，但股价当日并未出现横盘或上涨的走势，而是持续走低，步入下跌走势之中，直到收盘时也没有出现强势的上涨，如图 3-11 所示。

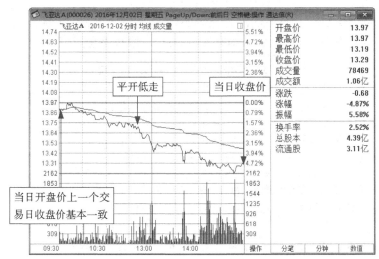

图 3-11 平开低走盘

根据平开低走分时出现的位置不同，可以将其分为不同的情况，如表 3-4 所示。

表 3-4 不同阶段平开低走的盘面意义

阶段	盘面分析	投资策略
底部建仓阶段	如果当日出现平开低走的分时图，则是主力应用压低建仓手法收集筹码。如果量能水平一般，说明主力打低股价力度不大，股价可能长期处于横盘整理的走势中；如果量能水平较高，说明主力强势打低股价，股价可能快速见底，甚至形成 V 形低	投资者可在底部形成后进场买入
股价拉升阶段初期	如果当日股价平开低走，则是主力拉升前后的最后整理动作，是黎明前最黑暗的时期。如果当日量能没有有效放大，则说明盘中筹码锁定状态良好，主力基本控盘，由于主力并未投入大量资金影响股价，因此跌幅空间有限，股价在经历短暂下跌后，将在重要支撑位止跌而展开回升；如果当日放量（量比 3 倍以上）打低股价，换手率 5% 以上，则是主力投入资金对敲做低股价，同时，盘中筹码松动，斩仓盘蜂拥而出，主力则照单全收	股价在放量下跌后将于重要支撑位止跌，止跌后，短中线机会巨大

续表

阶段	盘面分析	投资策略
股价拉升阶段中期	如果当日股价平开低走，则是主力在通过打低股价，吸引出跟风盘和底部散户的筹码，达到盘中整理的目的。如果当日量能没有有效放大，则是主力基本控盘，因此跌幅空间较小；如果当日放量（量比3倍以上）打低股价，换手率5%以上，则是主力投入部分资金对敲滚动作降低股价，以促使盘中筹码松动，同时有效吓阻场外短线跟风资金	股价将在此价格区域形成阶段性顶部，股价在重要支撑位止跌后，短线机会一般，中线机会较大
股价拉升阶段末期	如果当日股价平开低走，则是主力在盘中通过杀跌实施出货，套牢跟风盘和散户高位买进的筹码。如果当日量能没有有效放大，则是主力出货量不大，股价尚未最终见顶；如果当日放量（量比3倍以上）下跌，换手率5%以上，则是主力大规模出货行为，股价将在此价格区域形成中期顶部	股价在重要支撑位止跌后，投资者短线机会一般，中线风险较大
股价盘头阶段初、中期	如果当日股价平开低走，则是主力在盘中通过杀跌继续实施出货，套牢跟风盘和散户高位买进的筹码。如果当日量能没有有效放大，则是主力出货量不大，股价还将在顶部继续震荡维持平台整理态势；如果当日放量（量比3倍以上）下跌，换手率5%以上，则是主力大规模出货行为，股价将有可能在顶部形成宽幅价格震荡带做滚动差价	股价在重要支撑位止跌后，投资者短线机会一般，中线风险较大
股价盘头阶段末期	如果当日股价平开低走，则是主力在盘中通过杀跌实施出货，套牢跟风盘和散户顶部平台买进的筹码。如果当日量能没有有效放大，则是主力出货量不大，大跌尚未开始，后市还有反复；如果当日放量（量比3倍以上）下跌，换手率5%以上，则是主力大规模出货杀跌行为，股价将击穿顶部平台的下限支撑，形成破位下跌趋势	股价在重要支撑位止跌后，投资者短线机会一般，中线风险巨大
股价下跌阶段初、中期	如果当日股价平开低走，则是主力在盘中实施最后压箱底的出货动作，以彻底套牢跟风盘和散户在顶部平台买进的筹码。如果当日量能一般，则是主力出货量不大，大跌尚未开始；如果当日放量（量比3倍以上）下跌，换手率5%以上，则是主力大规模出货杀跌行为，股价将击穿顶部平台的下限支撑，形成破位下跌趋势	股价在重要支撑位止跌后，投资者短线机会极少，中线观望

3.2.7 平开高走分时走势盘面

平开高走与平开低走恰好相反，虽然都是平开，但含义却不一样，平开高走即当日开盘价与昨日收盘价基本相等，但在盘中出现的却是股价强势上涨，多方崭露头角，逐步压制住空方势力，带领股价向更高处发展，如图3-12所示。

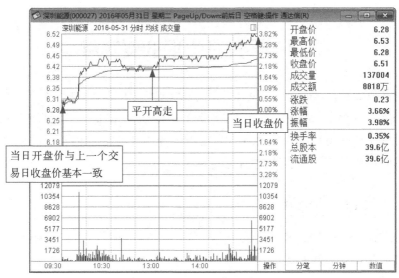

图 3-12　平开高走盘

专家提醒

如果分时图在平开后，始终围绕开盘价上下浮动，而且波动幅度不大，在开盘后1小时左右才开始放量上涨，并开始远离均价线，则当天一般会收成阳线，一般看涨，投资者可以买入。

根据平开高走分时出现的位置不同，可以将其分为不同的情况，如表 3-5 所示。

表 3-5　不同阶段平开高走的盘面意义

阶段	盘面分析	投资策略
底部建仓阶段	如果当日出现平开高走的分时图，说明是主力的小幅拉高建仓行为。如果量能处于较低水平，说明主力希望在不引起场外投资者注意的情况下低调建仓，股价可能会保持一段时间的横盘整理态势；如果成交量放大，说明主力拉高建仓，股价将尽快完成筑底	投资者应观望，并随时准备入场
股价拉升初期	如果股价当日出现平开高走的分时图，则是主力正在进行拉升股价的动作。如果量能维持低水平，则说明主力并未开始大举进攻，把握住了股价上涨的节奏和力度，走势平稳，控盘度较好，短期可能面临整理，但后市涨幅空间大；如果当日成交量大幅放量，说明主力在运用大笔资金全力拉升股价，后市看涨	投资者可以在相对低位介入
股价高位阶段	若股价出现平开高走的走势，则说明主力准备出货。如果当日成交量未放大，说明多方势力衰竭，主力出货力度不大；如果量能放大，说明主力正在大量出货，股价已经见顶，随时可能迎来下跌行情	投资者应果断离场

3.3 寻找开盘后的买卖点

虽然投资者在开盘时很难把握住后面的行情走势，但是如果能够独具慧眼，是可以买到最低价或者卖出最高价的。大多投资者需要等待一段时间，待行情明朗后才会做出买入或卖出的决策，这就会白白丧失很多的机会和利润，而投资者如果能够准确地在开盘时找到买卖点，则可以抢占先机。

3.3.1 开盘 N 形走势

N 形走势是一种重要的分时形态，其走势外观如英文字母"N"，主要包括高开 N 形走势和低开 N 形走势两种形态。

- 高开 N 形走势：高开 N 形走势是指股价在高开后，迅速上冲，不久又快速回落，接着再次快速上冲，突破第一次高开的高点，在整个分时图上呈现字母"N"的走势。

- 低开 N 形走势：低开 N 形走势是指股价在低开后，快速上冲到缺口附近，随后又有所回落，但最终又快速上冲，回补了缺口，在整个分时图上呈现字母"N"的走势。

下面举例说明 N 形走势的盘面分析。

图 3-13 为宁波联合（600051）2016 年 9 月 19 日的分时图，从图中可以看出，该股早盘低开后股价快速上冲，随后有小幅度的下挫，随后股价在均价线附近得到支撑，反转后继续快速上冲，并冲过了之前上冲时的高点，形成了一个 N 形，而此时就是一个良好的买入点。

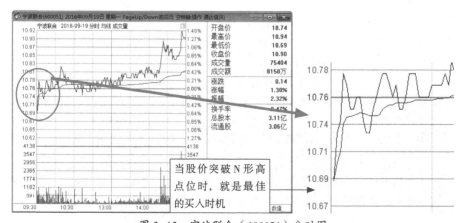

图 3-13 宁波联合（600051）分时图

出现低开 N 形走势后，宁波联合的股价迅速拉升，如图 3-14 所示，当天买入的投资者在随后的高点抛出即可获利。

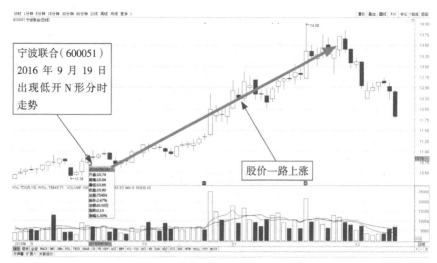

图 3-14　宁波联合（600051）K 线图

3.3.2　开盘 W 形走势

W 形走势是较常呈现的分时走势图形，代表着市场在逐步改变方向，其走势外观如英文字母"W"，主要包括高开 W 形走势和高开倒 W 形走势两种形态。

- 高开 W 形走势：高开 W 形走势是股价强劲上扬的一个标志，它是股价在高开后有所回落，随后上冲，然后再次回落，然后再次上冲，这样两次上冲、两次回落就形成了一个 W 形走势。

- 高开倒 W 形走势：高开倒 W 形走势是一种典型的主力出货形态，它是指股价在高开后稍上冲，便迅速下跌，不久再次上冲，但是此次上冲的高度不会超过前次的高点，在走势图中形成一个倒 W 形（也可以称为 M 形）的走势。

下面举例说明 W 形走势的盘面分析。

图 3-15 为黄山旅游（600054）2016 年 9 月 22 日的分时图，从图中可以看出，当日股价在高开后，两次上冲两次回落，在分时图上形成了一个倒 W 形走势。

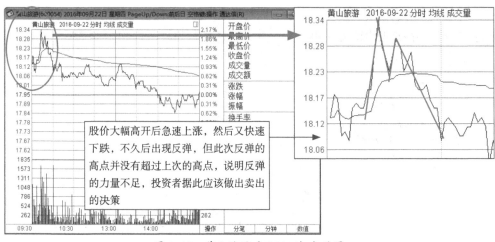

图 3-15　黄山旅游（600054）分时图

黄山旅游出现高开倒 W 形走势后，出现阶段性顶部，在 K 线图中形成尖顶形态，如图 3-16 所示，它是最常见的顶部反转形态，一般出现在上升趋势的末期，是行情上涨到顶点后的反转信号。投资者只要看到股价反弹时受到均价线压制，而没有超过前期高点，即可果断卖出股票。

专家提醒

投资者如果在第二个顶部形成时没有及时出局，那么要在股价反弹回抽时出局，不管股价有没有突破颈线位。但在实盘操作中，很多时候股价跌破颈线位之后并没有反抽的动作，而是直接下跌，这样的情况会让投资者承受更大的损失。

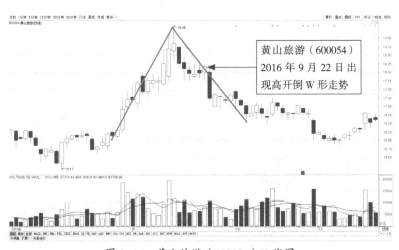

图 3-16　黄山旅游（600054）K 线图

3.3.3　开盘 V 形走势

V 形走势是一种失控的反转形态，它的走势很难预测，往往出现在市场剧烈的波动之中，主要包括低开 V 形走势和低开倒 V 形走势两种形态。

- 低开 V 形走势：低开 V 形走势是主力出货时常见的一种走势行情，它是指股价在低开后曾经向上重构，但是没能回补缺口，在缺口附近再次回落，形成一个 V 形。
- 低开倒 V 形走势：低开倒 V 形走势也是主力出货时常见的走势之一，它是指股价在低开后显示快速上冲，但是未能回补跳空造成的缺口，而后随即快速下跌，形成一个倒 V 形走势。

下面举例说明开盘 V 形走势的盘面分析。

图 3-17 为钢构工程（600072）2016 年 4 月 18 日的分时图，从图中可以看出，股价在低开后，随后向上重构，但并没有回补当天的缺口，而是继续快速下跌，在分时图上形成了一个倒 V 形走势。

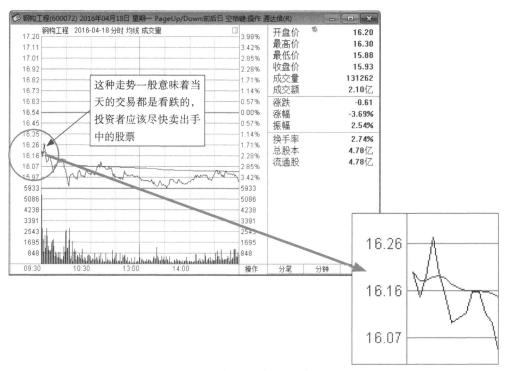

图 3-17　钢构工程（600072）分时图

钢构工程在下跌途中出现低开倒 V 形走势后，预示着后市继续看跌，投资者应尽快离场，结合其 K 线走势分析如图 3-18 所示。

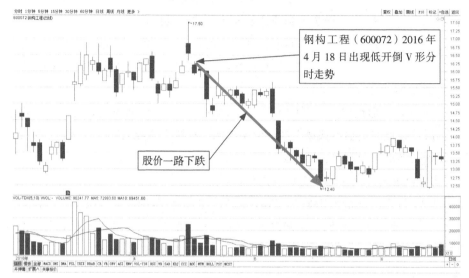

图 3-18　钢构工程（600072）K 线图

第 4 章
盘中的 分时图形态

学前提示

　　开盘是股票每天运行的开端，有了良好的开局，接下来就要看股价在盘中的运行情况了，这也是多空双方互相斗争得最激烈的阶段。一般来说，盘中的波动较为真实，多空双方也会更加理性地进入市场，因此投资者在盘中进行买入或卖出的决策更加安全可靠。

要点展示

　　≫　盘中看盘要点

　　≫　盘中走势分析

　　≫　寻找盘中的买卖点

4.1 盘中看盘要点

盘中就是整个交易时段的中部，是多空双方真正进行较量的时间段。它受到股价前一天交易的影响较小，是多空双方真实意思的表达。本节将介绍盘中的看盘要点。

4.1.1 初步认识盘中

目前，沪深两市每个交易日的交易时间大概是 4 小时，除去开盘后半小时和收盘前半小时的时间，还有 3 小时的交易时间，这就是盘中时间。盘中的具体时间是指10：00 ~ 11：30 与 13：00 ~ 14：30，总计 3 小时。经过开盘对前一天收盘及消息面的反映和调整后，股市进入盘中阶段。

图 4-1 为西宁特钢（600117）的分时图。途中矩形标注的区域便是 10：00 ~ 14：30这段时间，也就是盘中的交易时间。盘中的看盘技巧如表 4-1 所示。

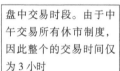
盘中交易时段。由于中午交易所有休市制度，因此整个的交易时间仅为 3 小时

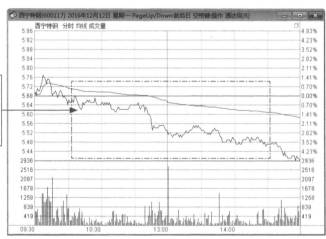

图 4-1　西宁特钢（600117）分时图

表 4-1　盘中走势分析

大盘阶段	具体分析
多空搏斗阶段	开盘并进入中盘第一阶段时，多空双方已结束初步试探动作，要进行第一波争斗，这时投资者需要谨慎判断，不要轻易出手
多空决胜阶段	多空双方在经过了激烈的搏斗之后，胜负已逐渐明朗，如果多方获胜，就会把股价不断抬高，反之如果空方占优势，那么股价将会持续走低
多空强化阶段	获胜一方将会乘胜追击，扩大战果，稳固胜利果实，盘中局面出现一边倒

4.1.2 盘中的重要时段

在实际交易过程中,盘中可以划分为10:00 ~ 11:30与13:00 ~ 14:30这两个时段,下面分别介绍各阶段的看盘要点。

1. 10:00 ~ 11:30看盘

在10:00 ~ 11:30这个时间段中10:30和11:15 ~ 11:30具有十分重要的分析意义。

（1）**10:30时间点。**10:30是临时停牌1小时的个股复牌时间,强势股借助此时进行整理活动,并在次日拉高;而消息股、题材股往往借助此时出货。因此,10:30是市场在整个交易日中的一个重要转折点,也是投资者入市的一个重要时机和观察点。

（2）**11:15 ~ 11:30时间段。**消息股、题材股一般在午盘收盘前启动,特别是11:15 ~ 11:30时段,所以投资者要密切关注此时的盘面动向。

专家提醒

10:15 ~ 11:30,是15分钟的休市时间,因为在此之前,大盘在开盘后已经经历了开盘的高开或低开,股价会受到前一天的影响,此后股价受到的影响会逐渐淡化,市场也会趋于稳定。投资者可以通过这15分钟的休整,更加理性地进行交易并且认真地分析盘面变化。

2. 13:00 ~ 14:30看盘

在13:00 ~ 14:30这个时间段可以分为13:00 ~ 14:00和14:00 ~ 14:30两个时间段分析。

（1）**13:00 ~ 14:00时间段。**经过中午一个半小时的休息,使主力更确定该股当日的主基调。只要大盘走势平稳,个股就会随着这个主基调变化。某些将在14:00后出现异动情况的个股,为了尾盘大幅涨升,在此阶段便开始活跃。

专家提醒

我国股市在中午要休息2小时,而股票在13:00开始开盘,会受到中外盘走势以及午间市场中出现的新信息的影响,这都会影响下午的行情走势。因此,13:00是下午股市开盘后的第一个重要时刻。

（2）**14:00 ~ 14:30时间段。**一般在14:00 ~ 14:30时间段,个股的指数、

股价最容易出现当日的最高点或者最低点，因此，此时间段是当日买卖的最佳时间段，投资者可以在这个时间段逢低吸纳或者逢高抛售。

专家提醒

下午复盘后的关注重点在于，如果有投机性的投资者买盘进场，那么大盘走势可能会急剧冲高，即使出现回落也有向好的趋势，可以借此机会买入。如果指数几乎不动，或者轻微上涨，幅度不大，那么可能是主力在出货。这时看盘，有一个问题十分重要，就是要把休盘前和复盘后的走势作为研判下午走势的一个整体，相互印证。

4.2 盘中走势分析

盘中形态一方面承接了开盘后的股价走势；另一方面，它在一定程度上也影响着尾盘和收盘的情况。盘中形态千变万化，本节将介绍几种典型的形态。

4.2.1 下探后反升

下探后反升是指股价在开盘时短暂下探走低，但不一会儿就止跌企稳，并开始回升，重新步入上涨走势。此后的股价会出现短暂的直线拉升或者震荡上行，并处于高位运行的状态中，在收盘时仍保持强势，如图4-2所示。

下探后反升：此走势的出现说明该股开盘时市场做多信心不足，于是有大量的卖盘涌出，造成股价顺势下跌，但股价并未出现深幅下跌，不久后多方重塑信心，开始逐渐主导股价的走势，拉动股价向上运行

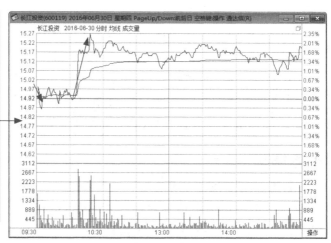

图4-2 下探后反升分时走势图

1. 底部横盘时出现下探后反升形态

在股价位于底部横盘阶段时，当日出现下探后反升的形态，说明多方力量开始崛起，主力正在为拉升做最后的准备，后市上涨概率大。

2. 上涨初期时出现下探后反升形态

在股价处于上涨阶段的初期时，当日出现下探后反升的形态，说明主力正在积极拉升股价，开盘的下探只是短暂的压低，对后市的上行并不构成威胁，上涨概率大。

专家提醒

股价先下探后拉升，显示在早盘多方以退为进，待能量蓄积充足后便发力推动股价上涨。

4.2.2 拉高后横盘

拉高后横盘是指股价从早盘起便被多方迅速拉高，被拉升至一定位置后股价开始横向运行，既没有明显的下跌，也没有明显的上涨。在后市的交易中，股价一直维持这样的态势，如图4-3所示。

拉高后横盘：在该形态中，股价只在早盘出现了上涨的走势，随后便步入横向整理走势中，股价始终在均价线附近上下横向运行，直到当天股价收盘

图4-3 拉高后横盘分时走势图

1. 上涨前期的底部出现拉高后横盘形态

在股价处于上涨前期的底部阶段时，当日出现拉高后横盘的形态，则是多方试探性进攻的体现，也可能是主力的试盘动作，后市上涨概率较大。

专家提醒

拉高后横盘可以分为以下三个阶段。

- 阶段一：在开盘时，由于大量的买盘涌入，为市场注入了新的动力，有了资金的支撑，股价也随着节节攀升。此时，还可能伴随着成交量的放大，如果成交量放大，则更加说明市场在早盘时的强势。

- 阶段二：到盘中时，由于前期买盘的过度释放，造成了买方力量的大量损耗，如果之后没有后续的买盘涌入，失去了资金的支撑，便会出现股价回落。

- 阶段三：股价回落很快停止，进入横向整理时期，一方面，虽然没有大量买盘继续涌入，但多方仍然没有泄气，市场可能存在小股的卖盘或者主力的托盘，使得股价没有下跌；另一方面，也没有大量主动性卖盘出现，市场情绪平稳，没有出现恐慌态势，因此，股价也不会出现大幅回落的情况。于是，股价就维持这样的态势直至收盘。

2. 拉升阶段出现拉高后横盘形态

在股价处于拉升阶段时，当日出现拉高后横盘的形态，则是多方强势拉升股价的表现，拉高后的横盘可能只是中途休息，后市继续上涨概率较大。

4.2.3 压低后横盘

压低后横盘与拉高后横盘刚好相反，是指股价在早盘便被空方压低，出现了小幅或大幅的下跌走势，不久之后股价止跌企稳，但并未出现大幅度的反弹，也没有继续下跌，而是形成了横向整理的走势，股价一直在低位徘徊，在均价线附近运行，此状态一直延续至收盘，如图4-4所示。

压低后横盘：该形态是一种股价弱势的表现，股价开盘后便开始下跌，很少出现反弹，股价整体趋势并未改变，持续保持在低位的横盘走势之中都说明股价表现弱势

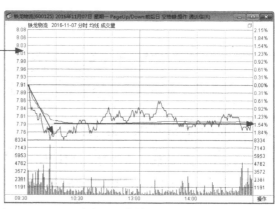

图4-4 压低后横盘分时走势图

在早盘时，股价之所以被压低，是因为有大量主动卖盘涌出，造成市场股价失去有力的支撑，资金大量流出，使得股价大幅回落。此时，由于空方的力量异常强大，股价很快招架不住，多方节节败退，毫无抵抗之力，只得甘拜下风。

1. 上涨末期的顶部出现压低后横盘形态

在股价处于上涨末期的顶部阶段时，当日出现压低后横盘的形态，则可能是空方将发起全面反击的前兆，一场"腥风血雨"即将来临，投资者应做好出局的准备。

2. 下跌途中出现压低后横盘形态

股价处于下跌走势之中时，如果出现压低后横盘的形态，则反映了市场的极度衰弱，股价将继续延续前期的颓势，空方力量占有优势，股价将一直下跌，后市看空，投资者宜及时出局。

4.3 寻找盘中的买卖点

尽管开盘时买入的价格会更低，卖出的价格会更高，但由于开盘时波动幅度受到前一日信息的影响可能会失真，因此，大多数投资者都希望在盘中进行买入和卖出操作，认为此时的交易会更安全可靠。

4.3.1 放量突破平台

在分时走势图的盘中区域中，放量突破平台是指股价在出现横盘后，向上发力突破平台，成交量也明显增大，此时即为一个良好的买入点，如图4-5所示。此时的横盘多方正在休整，目的是再次向上发起攻击。

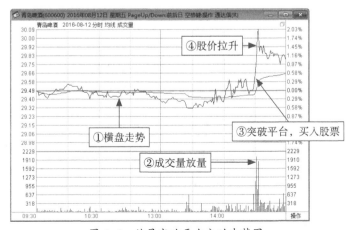

图4-5　放量突破平台分时走势图

股票经过长时间的整理，形成一个股价上下相差不大的平台，如果某一天这只股票突然放出巨量，一举突破这个平台中的最高价，就叫做放量突破平台。一般来说，预示着这只股票即将上涨，但也不能排除做骗线的可能。

专家提醒

当投资者在盘中遇到箱形走势（开高走平，开平走平，开低走平）往上突破时，也可以跟进。当日股价走势出现横盘时，投资者最好观望，而横盘高低差价大时则可采用高出低进法，积少成多获利。但应特别注意，出现巨量向上突破箱顶价时，尤其是开高或开平走平，时间又已超 12 时，此时即可敲外盘买进或抢进，至少有一个箱形上下价差可赚。而若是开低走平，原则上仅是一弱势止跌走稳盘，少量跟进试试抢反弹，倒不必大量投入。

4.3.2 个股逆势走高

个股逆势走高是指大盘指数在逐步下跌，或者只是在横盘，但个股却没有受到大盘整体走势的消极影响，而是出现强势上涨的走势。

下面举例说明个股逆势走高的盘面分析。

图 4-6 为上证 A 股指数（999998）2016 年 7 月 27 日的分时图，A 股指数开盘后横盘了一段时间，到盘中时突然快速下跌，之后股价基本都位于均价线之下，形成一个较大的阴线。

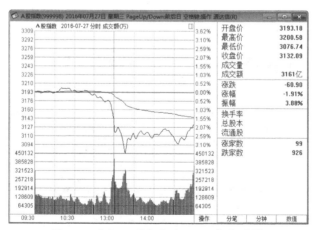

图 4-6 上证 A 股指数（999998）分时图

正常情况下，个股应该会受到 A 股指数的影响，以下跌为主，但依然会有一些个股逆势走高。图 4-7 为开创国际（600097）2016 年 7 月 27 日的分时图，该股在开盘后先是围绕均价线上下波动，进入盘中后便迅速向上冲高，成交量同时放大。这说明该股已经有主力参与，而且主力参与程度较高，可以不受大盘指数的影响，这是散户该积极买卖的股票。

该股在盘中时快速上行，以近乎直线的形式向上拉升股价，表明了主力参与的能力十分强大

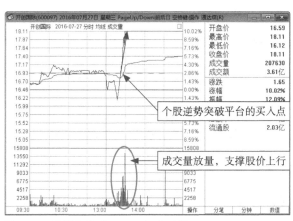

图 4-7　开创国际（600097）分时图

4.3.3　高开高走买入点

高开高走是投资者非常希望看到的分时图形态，但是此时入场的价位也会被提高，还没有购买股票的投资者，可以等待股价在高开后回落到较低的点位，只要股价没有跌破开盘价即可买入，这样既可以追溯到后半段的上涨利润，又可以使买入的价格更低。

专家提醒

　　若投资者在第一次回调时没有买入股票，可以等待股价出现第二次回调，并且二次回调的低点也没有跌破前期高点时买入股票。此时也是比较安全的买入时机，如果均价线能够很好地支撑股价，则这种买入的时机会更加安全。

下面举例说明高开高走买入点的盘面分析。

图 4-8 为上汽集团（600104）2016 年 7 月 4 日的分时图，股价在高开后便小幅上扬，此后达到图中椭圆形区域的位置，此时股价稍作横盘调整，没有向下击穿开盘价，甚至没有跌破均价线，因此对想要入场的投资者来说此时是一个绝佳的买入机会。此后股价便快速向上拉升，接近涨停板。

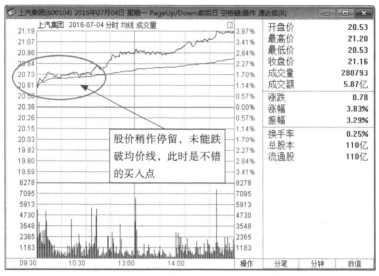

图 4-8　上汽集团（600104）分时图

专家提醒

股市操作中经常发现有些个股走势出现异动，例如成交量突然成倍增大，短期就实现巨量换手，主力的意图则要综合多方面的信息来判断，有时属于主力出货，有时属于主力换盘，投资者可根据放量出现的位置、K 线形态等方面来判别。

（1）"**放量滞涨**"为不祥之兆。若成交连放出大量，股价却在原地踏步，通常为主力连续式作量吸引跟风盘，表明主力去意已决，后市不容乐观。

（2）**下跌途中放量连收小阳线**。投资者需谨防主力构筑假底部，跌穿假底之后往往是新一轮跌势的开始。

（3）**高位放量下挫**。这是股价转弱的一种可靠信号，投资者宜及时止损。

4.3.4　高开低走卖出点

尽管高开是许多投资者都希望看到的走势，但高开后低走就会令投资者感到不安。当股价高开低走出现向上的反弹之势时，如果反弹的高点没有达到前期高点，则投资者应该利用反弹的高位快速出场。

下面举例说明高开低走卖出点的盘面分析。

图 4-9 为浙江东日（600113）2015 年 6 月 5 日的分时图，股价在高开后便遭遇强大的阻力而迅速下滑，盘中时曾几次上行，均受到压制而回落，此时明智的投资者已

经选择离场；而抱有幻想的投资者，在图中椭圆形区域的②位置处也应该离场。

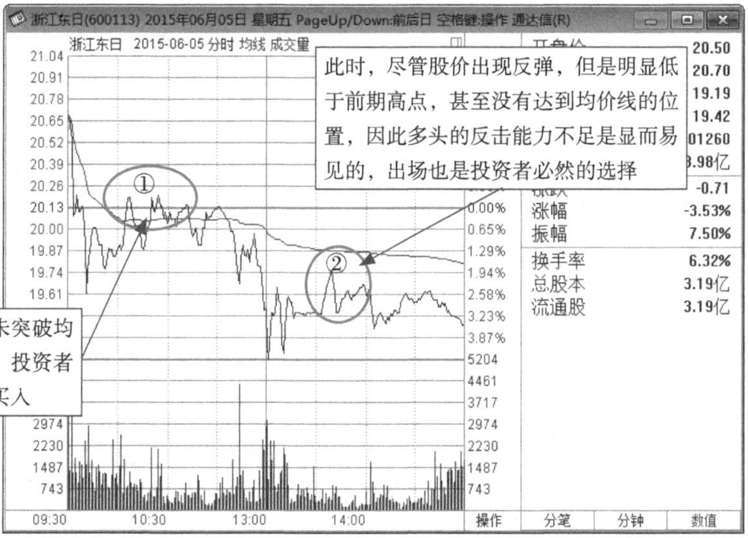

图4-9　浙江东日（600113）分时图

4.3.5　底部突破颈线

在分时图中，当股价底部形成并突破颈线压力时，是明显的买进信号。无论高开低走或低开低走，只要有底部（W底、三重底、头肩底、圆形底等）形成，当股价突破颈线压力时，代表多头主力的抵抗或护盘动作成功，股价开始往上拉升。此时如果成交量放出大量，则突破时最好不要追涨，投资者要耐心等待股价经过三个小波段的调整回落并止跌（回落多半不破颈线），此时是最佳买点。

专家提醒

投资者要特别注意低开低走走势，虽然此时的股价较低，但毕竟走势属弱势特征，如果过早抢盘，以防底外有底而买入被套。因此，这种情况选择的最好买点是，等其突破颈线翻红（由于每日股票价格是以上个交易日收盘价为基准，低于则以绿色表示，高于就以红色表示）、几波回档不再翻绿时再买进。

下面举例说明底部突破颈线的盘面分析。

图4-10为中信国安（000839）2016年3月8日的分时图，股价在盘中形成一个三重底形态，图中的水平横线便是三重底形态的颈线，当股价突破颈线后，投资者便可在回调的低位买入股票。

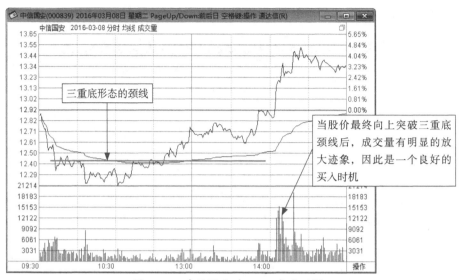

图 4-10　中信国安（000839）分时图

4.3.6　顶部突破颈线

当股价在盘中已出现明显的卖出形态时，如头肩顶、双重顶、三重顶及倒 V 形等常见的顶部形态时，并且股价向下突破了这些形态中的颈线，此时投资者应该及时卖出股票。

专家提醒

　　证券市场中交易当天股价的最高限度称为涨停板，涨停板时的股价叫涨停板价。投资者在看盘时，一定要关注开盘后股票涨跌停板情况。开盘后涨跌停板的情况会对大盘产生直接的影响。

　　在实行涨跌停板制度后，可以发现涨跌停板的股票会对与其有可比性的股票产生助涨与助跌的作用。例如，大盘开盘后某只生物医药股涨停，在其做多示范效应影响下，其他的与其相近的或者有可比性的股票会有走强的趋势，反之亦然。

　　下面举例说明顶部突破颈线的盘面分析。

　　图 4-11 为海正药业（600267）2015 年 12 月 18 日的分时图，股价在盘中迅速上行达到最高点，但此后又迅速下行，在图中形成一个倒 V 形。图中的水平横线便是倒 V 形顶部形态的颈线，当股价突破颈线以后，投资者应该迅速卖出股票。

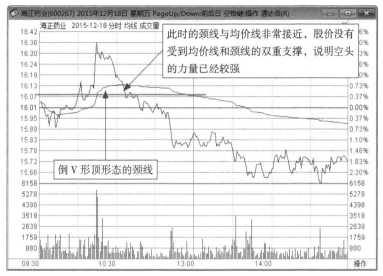

图 4-11　海正药业（600267）分时图

图 4-12 为亿阳通信（600289）2016 年 11 月 3 日的分时图，股价在分时图中形成了一个明显的双重顶形态，股价曾经两次向上冲顶但是均未能成功锁死在涨停板上，图中的水平横线便是双重顶形态的颈线，当股价下穿颈线时，便开始一路向下暴跌。

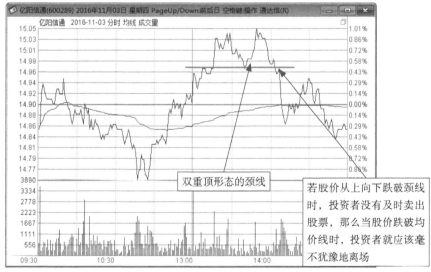

图 4-12　亿阳信通（600289）分时图

第 5 章
尾盘的 分时图形态

学前提示

尾盘时间是承上启下的一个阶段，即展现当日股价走势，预测下一个交易日的走势。若投资者看好股票，则可在尾盘时间考虑进场，以便在下一个交易日处于进可攻、退可守的有利境地；若投资者看空股价，则可在尾盘时间考虑出局，以回避下一个交易日的风险。

要点展示

>>> 尾盘看盘要点

>>> 尾盘走势分析

>>> 寻找尾盘的买卖点

5.1 尾盘看盘要点

在一个完整的交易日内,早上的开盘是一天的序幕,盘中的波动是博弈的过程,尾市的收盘才是当日股价的定论。尾盘中股价的盘口表现具有承上启下、趋利避害的作用,可以帮助投资者为下一个交易日的操作寻找到部分决策依据。

5.1.1 初步认识尾盘

尾盘是一个交易日内的最后交易时刻,是当前交易日的尾声,它影响着下一个交易日的开盘,因此在股市分析中具有重要的意义。尾盘不仅对当日多空双方交战起到总结作用,而且还决定下一个交易日的开盘,所以,股票市场波动最大的时间段是在临收市半小时左右,此时股价常常异动,是主力买卖股票的典型手法。

图 5-1 为保千里(600074)2016 年 10 月 19 日的分时图,从图中可以看到,股价在 14:35 时,开始向上发力,突破均价线,同时成交量明显放量,出现了一轮大幅上涨行情。

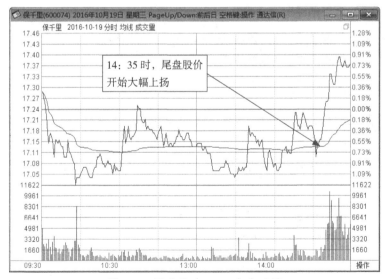

图 5-1 保千里(600074)分时图

5.1.2 看清尾盘中的主力陷阱

尾盘是多空双方在整个交易日殊死搏斗的最终总结,同时它又会影响下个交易日

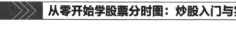

的开盘。在尾盘的交易时间段内，盘面通常都会有较大的波动，对短线的操作有很好的指导作用，因此投资者应密切关注。

通常情况下，尾盘是全天交易最集中、也是多空双方争夺领地最激烈的时间段，尤其是主力。主力为了在下一个交易日继续控盘，在尾盘会故意制造一些假象。

1. 主力出货尾盘陷阱

主力在出货时，股价会有小幅下挫的走势，但是在尾盘前，主力常常会故意小幅向上拉升股价，有时甚至会将股价大幅拉高，使散户认为股价还能继续走高，从而继续做多，帮助主力更好地完成出货的动作。

2. 主力拉升尾盘陷阱

当主力拉升股价时，由于不愿意看到更多的散户跟风入场，因此常常会在尾盘时卖出一部分筹码使股价向下运行，以此来吓唬胆小的投资者，使他们认为股价并没有真正上行而过早地卖出手中的股票。

5.1.3　了解分时图尾盘看盘技巧

尾盘的重要性，在于它处于一种承前启后的特殊位置，既能回顾前市，又可预测后市。可见其在操作中的地位重要性非同小可，因此尾盘效应需要投资者格外重视，不论机构或者散户都会密切注视尾盘的一举一动。分析尾盘时，散户应该注意一些特定的技巧，这样会起到事半功倍的作用。

1. 尾盘休整

尾盘休整是指股价在尾盘有小幅拉升或小幅回落，这其实无关紧要，常常是主力刻意的行为导致的。尤其是盘口在最后一刻突然出现比较大的单子，使股价大幅上升或下跌，这都是主力在刻意影响收盘价，使得当天股价按照他们的意图形成一定的K线形态。

在尾盘休整阶段，散户应对主力的行为做到心中有数，这种休整性的尾盘并无多大的实际意义。避免过早地进入市场买入股票。

2. 尾盘效应

尾盘效应是指股价在尾盘大幅上行或者大幅下挫对后几个交易日可能造成的严重影响。

下面举例说明尾盘效应的盘面分析。

图 5-2 为重庆路桥（600106）2015 年 6 月 18 日的分时图，从图中可以看到，股

价在尾盘快速跳水，这与当前交易日时段内的走势完全相反，这常常标志着股价已经完成了行情的转变。

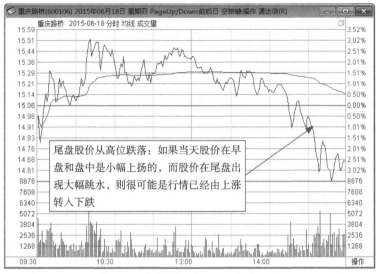

图 5-2　重庆路桥（600106）分时图

5.2　尾盘走势分析

尾盘比较常见且具有较高分析研判价值的走势主要有三种，即尾盘拉高、尾盘跳水和尾盘异动三种形态。

5.2.1　尾盘拉高盘面分析

尾盘拉高是指股价前期保持平稳运行状态，到了尾盘，股价突然拉高，与早盘和盘中相比，形成了明显高点，最后股价在全天最高价收盘，如图5-3所示。

专家提醒

尾盘拉高形态的前期股价没有出现大涨，也没有出现大跌，说明市场多空双方力量基本持平，到了尾市，股价突然拉高，市场大量换手，出现大笔买卖盘交易，形成尾市拉高收盘。

如果个股处于历史高位附近，投资者应谨慎对待，随时准备卖出；如果个股处于历史低位，且涨幅不大，投资者则可以实施追涨操作。

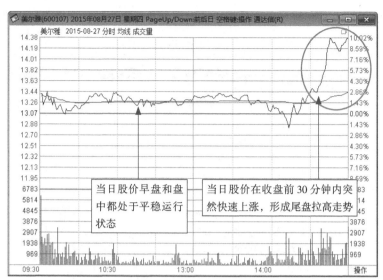

图 5-3　尾盘拉高分时走势图

根据尾盘拉高盘面出现的位置不同，可以将其分为不同的情况，如表 5-1 所示。

表 5-1　不同位置尾盘拉高的盘面意义

阶段	盘面分析	投资策略
底部建仓阶段	如果当日出现尾盘拉高的分时图，则可能是主力在尾盘实施拉高建仓的手法	后市应密切关注股价的变动，一旦启动则可以进场
股价拉升阶段	如果当日出现尾盘拉高的分时图，则说明主力的整理动作即将结束，股价后市将继续展开攻击形态	投资者可以仔细观察后市走势
股价高位阶段	如果当日出现尾盘拉高的分时图，则说明股价已经见顶，主力利用尾盘拉高股价，吸引跟风盘进场，以便后市顺利出货，套牢跟风盘	投资者应果断离场，持币观望

5.2.2　尾盘跳水盘面分析

尾盘跳水是指股价全天走势比较平稳，但在临近收市前的 30 分钟或 45 分钟内，突然出现大幅下跌行情，股指在快速下跌中，成交量也有所放大，显示市场带有一定的恐慌性抛售成分，如图 5-4 所示。此时，投资者需要研判行情是否属于空头陷阱，可以从消息面、资金面、宏观基本面和市场人气等方面进行分析和研判。

图 5-4　尾盘跳水分时走势图

尾盘跳水形态的出现说明该股在当天尾盘的时候突然出现大量的主动性卖盘，大量的卖盘表明市场看空情绪浓厚。此时，多方的力量没能有效发挥作用，尾盘空方势力异军突起，发动进攻，使得多方毫无招架之力，只能任由空方主导股价向下运行并直至收盘

根据尾盘跳水盘面出现的位置不同，可以将其分为不同的情况，如表5-2所示。

表 5-2　不同位置尾盘跳水的盘面意义

阶段	盘面分析	投资策略
底部建仓阶段	如果当日出现尾盘跳水的分时图，可能说明主力正准备进行打低股价建仓，在尾盘压低给投资者一种后市将会继续下跌的感觉，一部分投资者就会抛出手中的筹码，而场外的投资者也不会贸然进入。这就使得主力可以顺利地从投资者手中获得价格低廉的筹码，以减少建仓成本，同时由于部分投资者不敢贸然买入，因此不会打乱主力的吸筹动作，从而顺利完成建仓	后市应密切关注股价的变动，一旦启动则可以进场
股价拉升阶段	如果当日出现尾盘跳水的分时图，显示主力利用降低股价的手法进行整理，清洗市场中的浮动筹码，从而为后市的继续拉升做好准备	投资者可以入场或加仓
股价高位阶段	如果当日出现尾盘跳水的分时图，显示主力已经开始计划出货，股价已经见顶，后市看跌	投资者应注意减仓或出局

5.2.3　尾盘异动盘面分析

临近收盘时，股价在短时间内突然猛烈拉升或猛烈下跌，都称为尾盘异动形态。分析尾盘异动形态产生的原因及盘口含义，对投资者摸清主力意图，以此决定下一步的操作策略会有帮助。

下面举例说明尾盘异动的盘面分析。

图 5-5 为上工申贝（600843）2015 年 8 月 13 日的分时图，从图中可以看到，该股股价全天波动不大，收盘时突然猛烈拉升，以 10.01% 的巨大涨幅收盘，同时当天的振幅达到 12.98%。

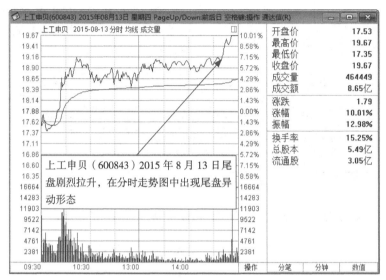

图 5-5　上工申贝（600843）分时图

（专家提醒）

上工申贝出现这种尾盘剧烈拉升的异动，一般有两种可能：该股收盘前突然出现巨大利好消息，并被主力及时获知，此时投资者应在第二个交易日重点关注该股动向，选择好的时机入场，分享一波上涨行情；另一种是主力的资金和实力有限，为了节约资金和成本，同时又希望以最小的成本快速突破某一重要压力位，因此采取的一种行为。

图 5-6 为上工申贝（600843）2015 年 8 月至 9 月的 K 线走势图，该股 8 月 13 日出现尾盘异动形态，形成大阳线，第二个交易日（8 月 14 日）开盘虽然有短暂的拉高走势，但不久后便遭到压低，股价大幅低开，随后股价开始连续向下调整。8 月 14 日收盘时股价虽弱有抬升，但比前一天收盘时拉升的股价仍下跌不少，形成一根放巨量的阴线。主力通过第二个交易日的巨大抛盘，可以判断出上行压力较重，于是放弃拉升，后市转入下跌行情。

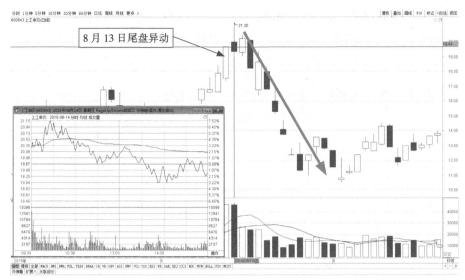

图 5-6　上工申贝（600843）K 线图

> **专家提醒**
>
> 　　主力通过尾盘异动这种尾市操作手法，可以用最小的成本拉高股价，以测试第二个交易日市场的跟风情况和盘中筹码的锁定程度，从而辨别出下一步是否具备拉升的条件：如果尾盘异动的第二个交易日开盘后没有遭到大量抛盘的卖出，则说明下一步拉升的阻力比较小，主力一般会顺势向上做一波行情，投资者也正好可以借此跟进或继续持股；如果尾盘异动的第二个交易日遭到大量抛盘的卖出，股价无法上行，则说明拉升仍不具备条件，投资者不宜跟进或者应该卖出。

5.3　寻找尾盘的买卖点

　　当投资者在尾盘发现行情转变时，可及时采取买入或卖出的决策。本节将介绍一些常见的买入点和卖出点。

5.3.1　收盘前半小时的买入点分析

　　如果股价全天运行比较平稳，在临近收盘前半小时左右，股价开始向上发力，在短时间内出现迅猛的上行态势，若成交量也配合股价上涨明显增大，则此时就是比较好的买入时机。下面举例分析收盘前半小时的买入点。

图 5-7 为龙建股份（600853）2016 年 8 月 2 日的分时图，从图中可以看到，该股股价全天波动不大，收盘前半小时左右股价突然向上发力，成交量明显增大，因此投资者可以在此时迅速入场做多。

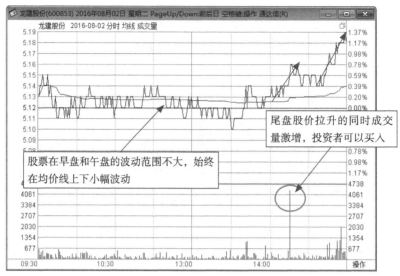

图 5-7　龙建股份（600853）分时图

图 5-8 为龙建股份日 K 线图，图中黑色箭头所指的 K 线，就是 8 月 2 日对应的日 K 线。从图中看到，根据图 5-7 所示分时图的信号做出买入的决策，即在最低价附近买入，此后股价开始一路上涨，涨幅超过 50%。

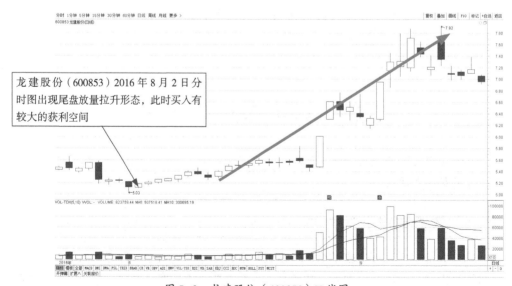

图 5-8　龙建股份（600853）K 线图

投资者需要注意的是，尾盘只是全天股市走势的一部分，仅仅根据尾市看盘做出决策是有局限性的。

- 一方面，盘面的变化是否有消息影响无法确定，跟风出错难免造成亏损。
- 另一方面，过于看重尾市参与技巧容易使人目光短浅，常常为蝇头小利而搏杀。因此，从尾盘走势得到的信息要和全天开盘、中盘得到的信息进行结合，并和大盘中长期走势结合起来，才能获得预期收益。

5.3.2 收盘前半小时的卖出点分析

如果股价全天运行比较平稳，但是在临近收盘前半小时左右突然开始下跌，则下跌突破前期平台是最佳的卖出位置。

下面举例分析收盘前半小时卖出点的盘面分析。

图 5-9 为哈投股份（600864）2015 年 6 月 15 日的分时走势图，从图中可以看到，该股股价在早盘和午盘时都在均价线附近上下震荡，但是在收盘前半小时左右迅速向下突破，而均价线正好是此前的一个盘整平台，因此当股价在尾盘破均价线之后，投资者就应该卖出手中的股票。

图 5-9　哈投股份（600864）分时图

图 5-10 为哈投股份的日 K 线图，从图中可以看到，股价在 6 月 15 日后开始反

转下行，尽管后市出现了一波反弹，但是反弹的力度明显不足，下跌的趋势依然未能改变。

收盘前半小时下跌在分时图中最明显的特征就是下跌的角度非常大，一般最小的角度为45°。因此，保守的投资者可以在股价突破平台后迅速离场。

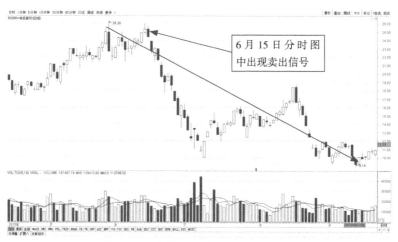

图 5-10　哈投股份（600864）K 线图

5.3.3　收盘前 10 分钟的买入点分析

股价在收盘前的最后 10 分钟内出现大幅下挫的现象，常常是主力常用的买卖方式，目的是为了吓跑散户，而在后面的一个交易日就会开始向上拉升，因此这时投资者不仅不应该离场，看到此情况后在后几个交易日还应积极地入场参与交易。

下面举例分析收盘前 10 分钟的买入点。

图 5-11 为智慧能源（600869）2016 年 4 月 21 日的分时图，从图中可以看到，该股股价在尾盘前进入下跌走势，并在收盘前最后 10 分钟跌至底部形成一个小尖底形态，可以看出主力洗盘打低股价的意图。

尾盘出现大幅跳水的股票，一般有两种含义：主力向下试盘或该股突显重大利空。这两种情况都可能造成主力利用最后收盘时间，将股价快速压低到一个新的低点以提高自己的利润。

特殊尾盘可这样处理。如果尾盘多方大力上攻，攻势太猛的状况下修正反弹，但临时又被空头打低股价，使大盘收于最低点，下一个交易日以平开或低开方式开盘，仍是一个下跌走势。

图 5-11 智慧能源（600869）分时图

尾盘主力大幅打低股价，并在 14：53 见底，到达跌停板上，投资者可以跟进

专家提醒

流畅而具有美感的分时线是最有杀伤力的，流畅简洁之美是世间极品，分时图中也不例外。当主动性买盘大于主动性卖盘，并且在资金持续进场的推动下，分时线才会变得流畅。

流畅的分时线具有以下特征。

- 价格呈现连续向上或向下的成交变化，价格在同一位置极少反复。
- 分时线呈某一角度光滑运行，并且挺拔有力。
- 价格上涨伴随着成交量的温和增加。
- 线的圆滑挺拔、价格的不停顿、成交量的配合等特征都是分时线流畅的标志。

5.3.4 收盘前10分钟的卖出点分析

股价在收盘前的最后10分钟内迅速向上冲高，分时图中的分时线几乎是以直线的形式上冲的，这种行情与整个交易日内的整体行情形成鲜明的对比，这种走势是主力常用的买卖方式，目的是主力即将出货，快速拉高可吸引更多的散户入场，而散户真正的操作策略是此时应选择卖出股票或者下一个交易日开盘时立刻离场。

下面举例分析收盘前10分钟的卖出点。

图 5-12 为广日股份（600894）2016 年 4 月 6 日的分时图，从图中可以看到，该股股价全天整体呈现缠绕均价线震荡的走势，但在收盘前最后 10 分钟开始迅速上冲，因此这很有可能是主力出货故意拉升的情况，据此投资者应该做出卖出的决策。

图 5-12　广日股份（600894）分时图

图 5-13 为广日股份的日 K 线图，从图中可以看到，股价在此后开始下跌，因此根据分时图做出卖出决策的投资者可以规避很大的风险。

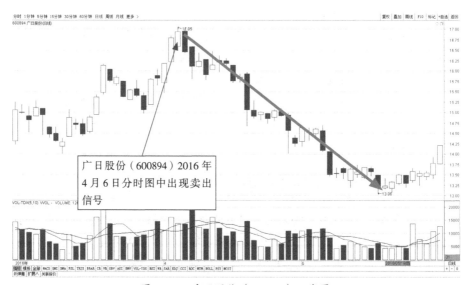

图 5-13　广日股份（600894）K 线图

第6章
综合分析 分时图与K线图

学前提示

　　了解开盘、盘中和尾盘的分时图走势以后，本章为读者介绍分时图的K线形态，即从分时图整体运行轨迹的角度介绍各种不同的形态，以帮助读者更好地把握股价在当天的变动意义，掌握低买高卖的技巧。

要点展示

　　≫　初步认识K线
　　≫　综合分析分时图与K线图

6.1 初步认识 K 线

形态分析是技术分析体系中的基础，它是通过最基础的 K 线组合来分析股价运行的规律，帮助投资者预测股价整体的运行轨迹。

6.1.1 什么是 K 线

K 线是一条柱状的线条，由影线和实体构成。影线在实体上方的部分称为上影线，下方的部分称为下影线，而实体则分为阳线和阴线两部分。其中，影线表明当天交易的最高和最低价，而实体表明当天的开盘价和收盘价。

通常，根据每只股票当日的开盘价、收盘价、最高价以及最低价 4 项数据，可以将股价走势图画成如图 6-1 所示的 K 线图。

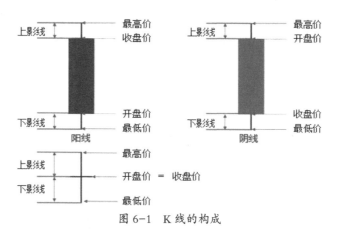

图 6-1 K 线的构成

在 K 线图中，阳线、阴线与十字线的主要特征如表 6-1 所示。K 阳线的顶端为最高价，底端为最低价。上影线与矩形实体的连接点为阳线收盘价，下影线与矩形实体的连接点为阳线开盘价。K 阴线与 K 阳线完全相反，上影线连接的是阴线开盘价，下影线连接的是阴线收盘价。

表 6-1 各种 K 线形态的特征

阳线	阴线	十字线
常为红色、白色实体柱或黑框空心	常为绿色、黑色或蓝色实体柱	实体部分呈现水平状的直线
股价强	股价弱	多空不一

续表

阳线	阴线	十字线
收盘价高于开盘价	收盘价低于开盘价	收盘价等于开盘价
最高价等于收盘价时，无上影；最低价等于开盘价时，无下影	最高价等于开盘价时，无上影；最低价等于收盘价时，无下影	最高价等于收盘价时，无上影；最低价等于开盘价时，无下影

K线包括开盘、收盘、最高及最低的价位在内，以其独特的图形方式，对当日的股价走势以一种一目了然、简单、鲜明的形式进行说明，同时说明买卖双方的力量对比，如图6-2所示。

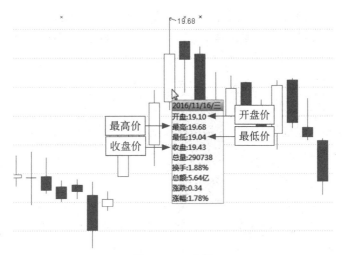

图6-2　K线图

（1）**开盘价**。开盘价就是每个交易日的最初成交价，也可以称之为每个交易日的起始价。

┌─────────────────────────────────────┐
　　专家提醒

　　开盘价即集合竞价，它的产生原则是：某一只股票在9：00～9：25之间由买卖双方向深沪股市发出的委托单中买卖双方委托价一致股价。集合竞价就是在当天还没有成交的时候，投资者可以根据前一天的收盘价和对当日股市的预测来输入股票价格，而在这段时间里输入计算机主机的所有价格都是平等的，不需要按照时间优先和价格优先的原则交易，而是按最大成交量的原则来定出股票的价位，这个价位就被称为集合竞价的价位，而这个过程被称为集合竞价。
└─────────────────────────────────────┘

从 9：30 分开始，即可进入连续竞价阶段。连续竞价，即是指对申报的每一笔买卖委托，由计算机交易系统按照以下两种情况产生成交价：最高买进申报与最低卖出申报相同，则该价格即为成交价格；买入申报高于卖出申报时，或卖出申报低于买入申报时，申报在先的价格即为成交价格。

（2）**收盘价**。收盘价就是每个交易日的最后成交价，也可以称之为每个交易日的结束价。

专家提醒

在计算每个交易日的收盘价时，上证 A 股与深圳 A 股是不同的：上证 A 股（即以数字"6"开头的股票）以每个交易日最后一分钟内的所有交易的加权平均价得出，而深圳 A 股（即以数字"0"或"3"开头的股票）则以最后 3 分钟内的竞价方式产生。

（3）**最高价、最低价**。最高价是指当日盘中成交的最高价格，最低价则是指当日盘中成交的最低价格。

6.1.2　K 线的周期和形态

K 线用简单的图形完整地记录每日的股市行情和股市买卖双方的"战斗"情况，并把它们逐日按时间顺序把包括开盘、收盘、最高及最低价位在内的 K 线图展现在价格和时间为轴的二维平面图上，使人们能清楚地看到过去几日、一周、一个月、一年和数年的股价历史走势，提供给人们一种判断股市未来走势的统计数据的图形表示方法。

根据 K 线的计算周期，可将其分为分 K 线、小时 K 线、日 K 线、周 K 线、月 K 线以及年 K 线。K 线周期是可以调整的，有以下几种情况，如图 6-3 所示。

通常情况下，市场上最主要的 K 线分析周期为日 K 线，而周 K 线、月 K 线常用于研判中期行情。周 K 线是指以周一的开盘价、周五的收盘价、全周最高价和全周最低价来画的 K 线图。月 K 线则以一个月的第一个交易日的开盘价，最后一个交易日的收盘价和全月最高价与全月最低价来画的 K 线图，同理可以推得年 K 线定义。

对于短线操作者来说，众多分析软件提供的 5 分钟 K 线、15 分钟 K 线、30 分钟 K 线、60 分钟 K 线和 120 分钟 K 线等也具有重要的参考价值。

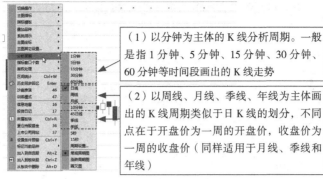

（1）以分钟为主体的K线分析周期。一般是指1分钟、5分钟、15分钟、30分钟、60分钟等时间段画出的K线走势

（2）以周线、月线、季线、年线为主体画出的K线周期类似于日K线的划分，不同点在于开盘价为一周的开盘价，收盘价为一周的收盘价（同样适用于月线、季线和年线）

图 6-3　选择K线周期以及相应走势图

K线图中有4条不同颜色的曲线和红蓝两色"蜡烛图"，如图6-4所示。

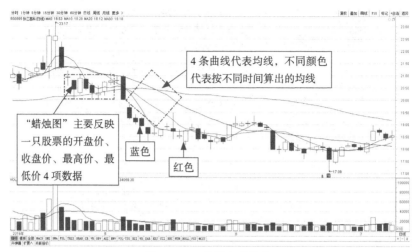

图6-4　K线图中的信息

K线图包含丰富的信息，发出的买卖信号能够帮助投资者看清股票走势，正确投资。学会怎么看K线图形态，是每个股票投资者应掌握的基本技能。

1. 看阴阳线

阴阳线代表趋势方向，其中阳线表示将继续上涨，阴线表示将继续下跌。以阳线为例，在经过一段时间的多空拼搏，收盘高于开盘表明多头占据上风，此时，在没有外力作用下，价格仍将按原有方向与速度运行，因此阳线预示下一阶段仍将继续上涨，最起码能保证下一阶段初期能惯性上冲，如图6-5所示。

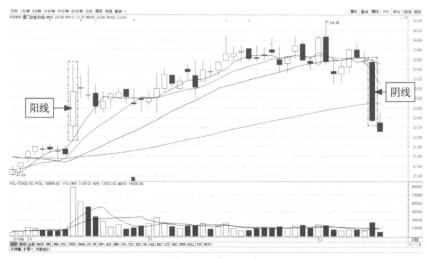

图6-5　看阴阳线

阳线往往预示着继续上涨，这一点也极为符合技术分析中三大假设之一——股价沿趋势波动，而这种顺势也是技术分析最核心的思想。同理可得阴线继续下跌。

2. 看实体大小

实体大小代表内在动力，实体越大，上涨或下跌的趋势越是明显，反之趋势则不明显。阳线实体越大代表其内在上涨动力也越大，其上涨的动力将大于实体小的阳线。如图6-6所示，左边阳线实体成倍放大，说明股价上涨动力十足，股价上涨趋势加强，当阳线实体缩小后，股价开始蓄势反转下跌了。

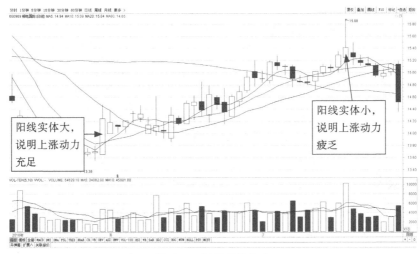

图6-6　阳线实体大小

同理可得阴线实体越大，下跌动力也越足，如图6-7所示。

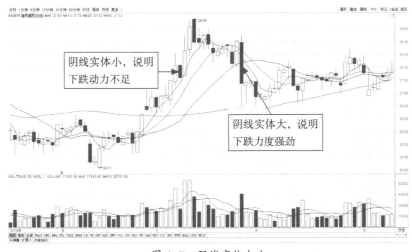

图6-7　阴线实体大小

3. 看影线长短

K线图中的影线代表转折信号，向一个方向的影线越长，越不利于股价向这个方向变动，即上影线越长，越不利于股价上涨，下影线越长，越不利于股价下跌，如图6-8所示。

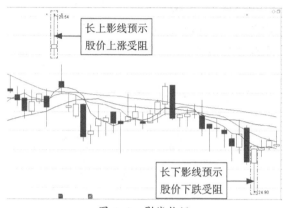

图 6-8　影线长短

专家提醒

以上影线为例，经过一段时间多空斗争之后，多头终于"晚节不保"败下阵来，所谓"一朝被蛇咬，十年怕井绳"，不论K线是阴还是阳，上影线部分已构成下一阶段的上涨阻力，股价向下调整的概率居大。同理可得下影线预示着股价向上攻击的概率居大。

6.2　综合分析分时图与K线图

在实战操作中，投资者们不光要知道单根K线说明的含义，还要结合分时图具体分析出现某种K线形态时所代表的具体含义。

本节将详细介绍K线的类型与作用，以及如何将分时图与K线图综合分析，从而正确判断分时走势。通过二者的综合分析以及科学而又系统的研究，能够帮助投资者更直观地了解行情走势。

6.2.1　小阳星K线分时图分析

"小阳星"是一种实体很短的阳线，在分时图中的表现为全日中股价波动很小，开盘价与收盘价极其接近，收盘价略高于开盘价，如图 6-9 所示。

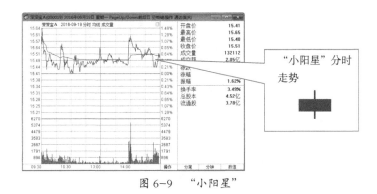

图 6-9 "小阳星"

"小阳星"的出现，表明行情正处于混乱不明的阶段，后市的涨跌无法预测，此时要根据其前期 K 线组合的形状以及当时所处的价位区域进行综合判断。

- 若"小阳星"出现在低位区，大部分情况下预示着股价有可能出现上涨的情况，投资者可以适当加码，如图 6-10 所示。

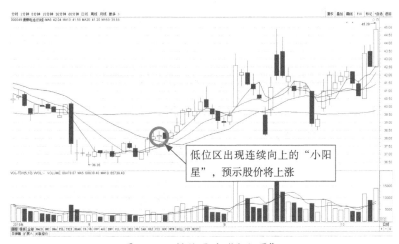

图 6-10 低位区的"小阳星"

专家提醒

在底部横盘时，股价本身变动小，主力也处于初始建仓阶段，所以在此时出现"小阳星"，投资者需要分析该"小阳星"出现时所处的横盘阶段，若是初始横盘，投资者可继续观望；若是此时横盘时间较长，且出现连续的"小阳星"，则可能意味着主力已基本完成建仓，并准备缓慢拉升股价，如图 6-11 所示。

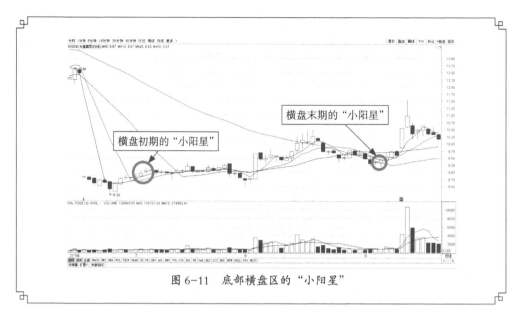

图 6-11　底部横盘区的"小阳星"

- 如果"小阳星"出现在高位区，则有可能下跌，建议离场观望，不要贪心不足，如图 6-12 所示。

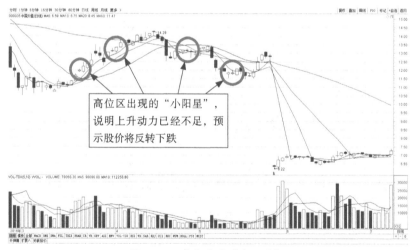

图 6-12　高位区的"小阳星"

6.2.2　小阴星 K 线分时图分析

"小阴星"的分时走势图与小阳星相似，也是一种实体很短的 K 线，只是收盘价格略低于开盘价，收于阴线，如图 6-13 所示。"小阴星"出现表明行情疲软，发展方向不明。

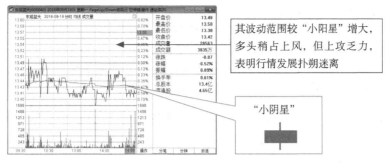

其波动范围较"小阳星"增大，多头稍占上风，但上攻乏力，表明行情发展扑朔迷离

"小阴星"

图6-13 "小阴星"

6.2.3 小阳线K线分时图分析

"小阳线"是阳线实体较短、带有短上下影线的K线，如图6-14所示。上下影线可以有不同的变化，如上长下短、上短下长等，其出现表示多空两方的小型对抗，消化获利盘和解套盘，趋势一般仍会持续，当连续地出现或次日出现成交量放大的阳线时，即可以跟进买入股票，股价必将有一段上涨行情。

上升途中出现"小阳线"，若在回调中，获利区筹码仍然固守未动，此时是投资者参与的好时机

图6-14 "小阳线"

专家提醒

当投资者进行股票选择时，发现某只股票在上涨过程中连续做出实体不是太长的"小阳线"时，说明主力目前采用的是稳步上攻的政策，重在将基础打牢，还没有显示出真正的实力，因此股价呈现出"小阳线"的姿态时，投资者可以放心买进。

当下跌趋势中出现"小阳线"时，被套牢的持股者可抓住机会解套，否则下跌走势一直延续下去，多方的反抗力量也会渐渐变弱，到后面想解套的时候损失会更大。

6.2.4　小阴线 K 线分时图分析

"小阴线"是带有上下影线、阴线实体较短的 K 线，如图 6-15 所示。这种 K 线预示不明，如在上涨过程中出现小阴线，即为多方对于前期上涨过程的回调，后市继续上涨，下跌过程中出现"小阴线"则股价将继续下跌。

通常情况下，单根"小阴线"的研判意义不大，只是表明在多空的接触中，空方略微占据上风，但力度不大，趋向仍不明朗。对于投资者而言，需要结合其他图形或技术指标来研判后市。

专家提醒

在上涨行情中，主力不会使盘面一路飘红，而是经常使用大力提升加上小幅打低股价的综合行为，使股价的上涨看起来更加和谐，所以，当投资者在上涨行情中发现阴线出现时，不要慌忙抛售，那是主力在对前期的上涨进行梳理回调。

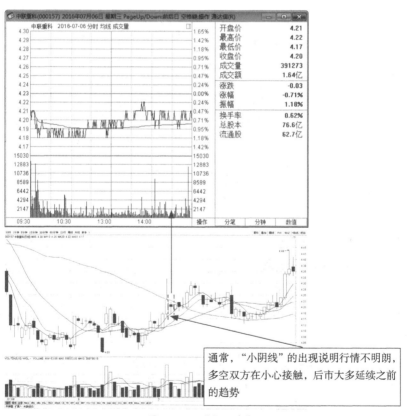

通常，"小阴线"的出现说明行情不明朗，多空双方在小心接触，后市大多延续之前的趋势

图 6-15　"小阴线"

6.2.5 上吊线K线分时图分析

"上吊线"具有较长的下影线，实体较小，多出现在上涨行情末期，代表市场上冲运动也许已经结束，如图6-16所示。通常而言，"上吊线"的下影线长度应在K线实体的两倍以上，由于其形状与绞架颇为相似，故而因此得名。一般出现在股价高位区，下影线越长转势信号越强烈。

"上吊线"的出现表明：市场在屡屡做多后买卖双方力量达到平衡，在一个交易日内，多方努力将价格上推，可能创出当天高点，但并无心维持高位；其后，卖方力量势不可挡，多日来卖方被压制的能量瞬间释放，价格大力下挫；但当天收盘价仍处于较高位置，接近最高价，形成的实体部分相当小。

图6-16 "上吊线"

在实战操作中，投资者应用"上吊线"时，应注意以下3个问题。

（1）若"上吊线"实体部分与前一根K线形成"跳空缺口"，则说明追高一族的成本高于前一天，此时多为散户行为。

专家提醒

（2）"上吊线"出现后的第二根K线一般为阴线，阴线长度越长，新一轮跌势开始的概率越大。

（3）"上吊线"出现时，若当时成交量萎缩，则要等待出现下一个确认信号才能做出最后的判断。

6.2.6　锤子线K线分时图分析

"锤子线"形态与"上吊线"大部分一样，实体较短，有较长下影线，没有上影线或上影线很短。二者的不同之处在于出现的地方，在K线图中，把位于股价高位的实体短小、下影线较长的K线称为"上吊线"，预示股价不久后会反转下跌；把位于低位的实体短小、下影线较长的K线称为锤子线，预示股价不久后会反转上涨。

总之，"锤子线"的出现，不论是阴线实体还是阳线实体，都预示着股价走势不久后会出现反转，如图6-17所示。

当投资者在股价低位发现"锤子线"的时候，一定不要放过这只股票，因为它即使当下不会上涨，后市上涨的可能性也很大，且下影线越长，实体越小，反转的可能性越大

图6-17　"锤子线"

"倒锤子线"是指具有比较长的上影线，较小的实体居于整个价格范围下端的一种K线形态，如图6-18所示。如果"倒锤子线"与"早晨之星"形态同时出现，见底信号就更加可靠；如果"倒锤子线"出现在上涨后相对的高位，则属于看空信号，称之为"射击之星"。

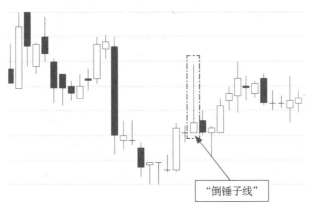

图6-18 "倒锤子线"

一般而言，"倒锤子线"的上影线很长，实体部分很短。当实体部分消失时，"倒锤子线"就变成了"倒T字线"，如图6-19所示。因此，"倒T字线"在很大程度上和"倒锤子线"的意义是相同的。

图6-19 "倒T字线"

6.2.7　长下影线 K 线分时图分析

长下影线 K 线和"上吊线"的形态类似，包括长下影线阳线和长下影线阴线。

（1）**长下影线阳线**。是指下影线较长的阳线，与上吊阳线不同的是，该 K 线可以带一点上影线，如图 6-20 所示。该形态表明多空交战中多方的进攻沉稳有力，股价先跌后涨，股价有进一步上涨的潜力。

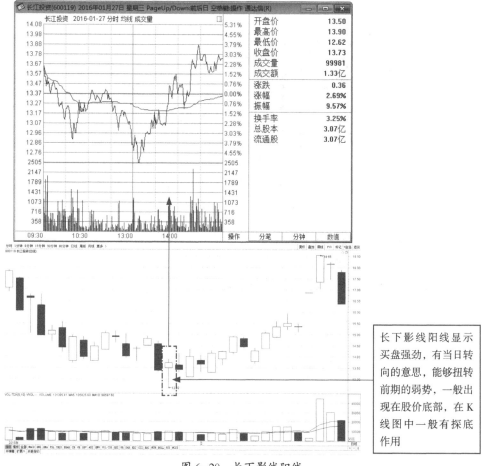

长下影线阳线显示买盘强劲，有当日转向的意思，能够扭转前期的弱势，一般出现在股价底部，在 K 线图中一般有探底作用

图 6-20　长下影线阳线

（2）**长下影线阴线**。长下影线阴线的形态和长下影线阳线的形态相似，只是 K 线的实体部分为阴线，如图 6-21 所示。当长下影线阴线出现在股价的低价位区，说明股价下档承接力较强，行情可能出现反弹；当股价处于高位时出现长下影线阴线，即为多方势力减弱，股价下行可能性较大。

图 6-21　长下影线阴线

长下影线阴线开盘时买盘显得非常强大，将股价大幅拉升，但是在随后多空力量的抗衡中空方明显更占上风，股价大幅下跌，收盘时多方又占优势，股价远远高于最低价

6.2.8　长上影线K线分时图分析

长上影线K线是指上影线比K线实体长的一种K线，是较明显的反转信号。图6-22为在股价高位出现的长上影线阳线，形成了顶部，随后股价走势由涨转跌。

专家提醒

长上影线阳线表示股价开盘后被大幅拉升，直至当日最高价，然后遭遇空方打低股价，股价回落但强度不大，收盘价高于开盘价，一般出现在股价高位区，是反转信号，投资者要尽早抛售。

图 6-22 长上影线阳线

6.2.9 穿头破脚 K 线分时图分析

"穿头破脚" K 线包含 "穿头破脚阳线" 和 "穿头破脚阴线" 两种形态，且二者形态类似，都有上下影线，都是实体较长的阳线或阴线，二者的出现都意味着股价可能出现反转。

（1）**"穿头破脚阳线"**。"穿头破脚阳线" 的形成一般是指，股价当天开盘后出现小幅下跌，此后遇到多方势力支撑，多空双方经过一番争斗之后，多方势力暂时占优，将价格一路上推，收盘时有部分持股者获利出局，股价在最高价之下收盘，这是一种反转信号，如图 6-23 所示。

专家提醒

"穿头破脚阳线"若出现在股价大涨之后，那么预示着这可能是多方发动的最后一波上涨，股价即将下跌；若是在股价大跌之后出现，股价可能反转上涨。

图 6-23 "穿头破脚阳线"

"穿头破脚阳线"的分时盘面意义：股价当天开盘后有所震荡，走势类似横盘整理，此时正是多空双方的斗争时期。盘中时股价开始呈现震荡拉升的态势，可见此时多方力量已经领先。尾盘时成交量放大，有部分持股者选择获利出局，最后股价收于最高价之下。

（2）"穿头破脚阴线"。"穿头破脚阴线"的形成一般是指，股价当天走势有小幅上涨，但是大部分时间盘面都被空方控制，呈现出一副下跌景象，尾盘时多方突袭，成交量放大，股价收于最低价之上，如图 6-24 所示。"穿头破脚阴线"也是一种反转信号，预示着后市的走势可能改变。

图 6-24　"穿头破脚阴线"

6.2.10　光头光脚 K 线分时图分析

"光头光脚"的 K 线只有"实体"，没有上下影线。"光头光脚"意味着在报价变化的过程中多空两边并没有进行挣扎和抵挡，在规定的交易时间内，报价的涨势或是跌势都出现一边倒的局势。

图6-25为"光头光脚阳线"的走势图，当天开盘空方就积极进攻，中间也可能出现多空双方斗争激烈的情况，但多方发挥最大力量，一直坚持到收盘。

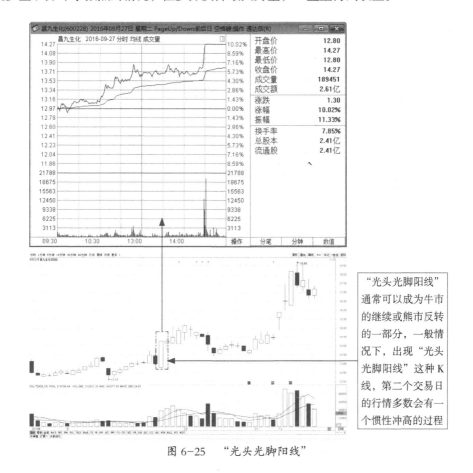

"光头光脚阳线"通常可以成为牛市的继续或熊市反转的一部分，一般情况下，出现"光头光脚阳线"这种K线，第二个交易日的行情多数会有一个惯性冲高的过程

图6-25　"光头光脚阳线"

图6-26为"光头光脚阴线"的走势图，空方在一日交战中最终占据了主导优势，多方无力抵抗，股价的跌势强烈，下一个交易日低开的可能性较大。

专家提醒

"光头光脚阴线"的出现，表明空方在一日交战中最终占据了主导优势，多方已经无力抵抗，股价的跌势强烈，下一个交易日低开的可能性较大。如果在股价的高位区出现此图形，投资者最好在最短时间内将手中持有的股票抛光，尽可能回避风险。

一般来说，实体有些较小的"光头光脚"K线所形成的影响比较小，反之则大。若是实体较小的"光头光脚"K线接连地出现在一个顶部或底部区域，则很容易引发接连性的上涨或跌落行情。若是实体较大的"光头光脚"K线接连出现在顶部或底部区域，表明多空之间的战斗已十分明显，投资者应采纳相应的行动。

"光头光脚阴线"表示从一开始，卖方就占据绝对优势，握有股票者不断抛出，市场呈一边倒，价格始终下跌，最终以全日最低价收盘

图 6-26   "光头光脚阴线"

6.2.11   十字星K线分时图分析

"十字星"是一种只有上下影线，没有实体的K线图，如图6-27所示。具体表现为，开盘价即是收盘价，表示在交易中，股价出现高于或低于开盘成交，但收盘价与开盘价相等。

在连续上升或下跌过程中出现的"十字星"，一般被称为上升中继和下跌中继，它们并不影响趋势的发展。但是，趋势见顶或见底过程中"十字星"往往反复出现。

就"十字星"的表现形态而言，上影线越长，表示卖压越重，下影线越长，表示买盘旺盘。通常在股价高位或低位出现"十字星"，可称为转机线，意味着出现反转。在实际操作中，"十字星"一般理解为多空双方能量暂时较为平衡，一方未能压倒另一方，所以未做方向选择收阳线或收阴线。另外，在实际的股市操作中，投资者遇到"十字星"的概率并不低，但"十字星"在个股不同的阶段，其意义不同。

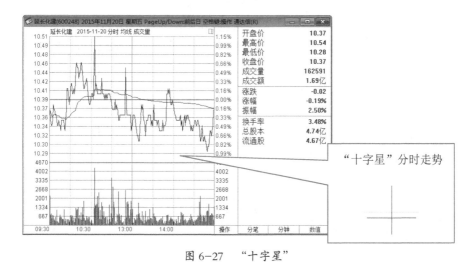

图6-27 "十字星"

（1）**"十字星"出现在上涨初期**。在涨势的初期，如遭到跳空式的"十字星"时，投资者应特别注意确认是否将迎来主升段上涨。如果确认是主升段上涨，中小投资者可在后期逢低积极参与。确认时还需注意两个情况：判断跳空缺口是否会被回补，如图6-28所示；看后期是否是放量上涨、缩量整理。

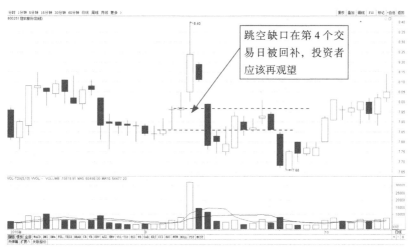

图6-28 "十字星"出现在上涨初期

（2）**"十字星"出现在上涨中期**。上涨中期的个股，第一天收阳线，第二天收"十字星"，是主力资金一种震荡整理的手法，故意做出上涨无力的样子，如图 6-29 所示。实际上，上涨中期出现的"十字星"都是行情的中继，是暂时的休整，原有上升趋势未改，后市继续看涨。

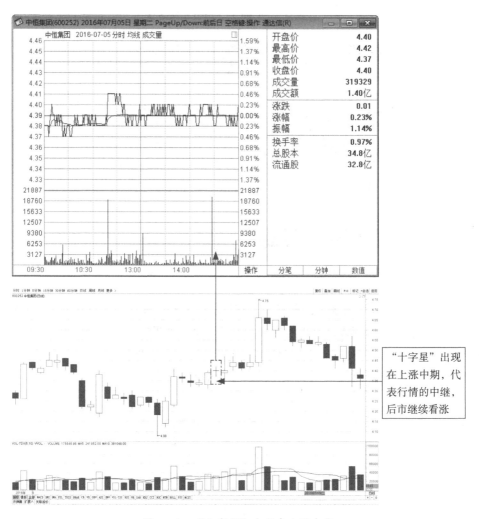

图 6-29　"十字星"出现在上涨中期

（3）**"十字星"出现在上涨末期**。个股在上涨末期如果收"十字星"，一般有见顶嫌疑，如图 6-30 所示。因为一只股票长期大幅上涨后，参与的资金获利都较丰厚。收"十字星"，就是代表涨不动。涨不动，就意味着下跌的开始，所以不要轻视此时期"十字星"的风险。

图6-30 "十字星"出现在上涨末期

（4）"**十字星**"**出现在盘中**。个股箱体震荡时，时有"十字星"出现，此时的意义不大，只是主力资金在震荡整理。不过通过整理后，如能放量拉升，投资者可以积极参与。

"长影十字星"是指有长长的上影线或下影线，且有一个小突体的"十字星"，是一种特别重要的"十字星"形态。"长上影十字星"如果是出现在持续上涨之后的高价区，股价转向下跌的可能性较大，如图6-31所示；但若出现在上涨趋势中途，下一个交易日股价又创新高的话，说明买盘依旧强劲，股价将继续上升。

"十字星"本身所处的位置很重要，研判各种形态的"十字星"所包含的意义，要建立区间的概念，而不是点位的测算。首先，投资者要确定是在顶部区间还是底部区间，大致知道了顶部或底部区间的时空区间位置，那么上涨的过程或是下跌的过程也就基本确定，这样对出现的"十字星"的含义不易造成误判。

图 6-31 "长影十字星"

例如，通常具有"长下影线十字星"位于市场底部时，表露出市场向上的心理状态。如果当日的开盘价和收盘价正好处于全日价格范围的中点，那么这种 K 线就称为"黄包车夫线"，是见底信号。

┌───┐
专家提醒

　　"长影十字星"如果出现上下影线差别较大的话，就属于"风高浪大线"，这种形态虽然没有"黄包车夫线"重要，但如果连续出现几根这样的"风高浪大线"，也一样要特别关注。
└───┘

第7章
利用形态 研判行情

学前提示

　　形态理论是通过研究股价所走过的轨迹，分析和挖掘出曲线，告诉投资者一些多空双方力量的对比结果，进而知道投资者的行动。本章介绍利用分时图形态研判行情的方法和技巧，让投资者随时随地看清股价的整体运行情况，及时采取正确的应对方法。

要点展示

　　≫　如何从分时图看大盘行情
　　≫　分时图的 6 大常见形态分析
　　≫　利用分时图形态研判大盘行情

7.1 如何从分时图看大盘行情

股市中的个股数量众多，投资者不可能每一个都去关注，此时通过大盘来分析行情就是一个比较省事的方法。只要看懂大盘分时图，即可了解市场的整体走向，从而判断出市场是涨还是跌。

7.1.1 大盘的两大主要指数

在众多的大盘指数中，国内的主要指数就是上海证券综合指数（简称为上证指数）与深圳证券交易所成份股价格指数（简称为深圳成指）。图 7-1 为沪深主要指数及其个股。

	代码	名称	涨幅%	现价	涨跌	买价	卖价	总量	现量	涨速%	换手%	今开	最高	最低
1	999999	上证指数	0.21	3215.37	6.87	--	--	1.71亿		0.06	0.59	3225.55	3228.12	3211.47
2	399001	深证成指	-0.40	10812.30	-43.42	--	--	1.69亿		0.02	1.46	10865.22	10865.22	10804.74
3	399005	中小板指	-0.19	6877.19	-12.99	--	--	6854万		0.03	1.52	6908.03	6908.75	6871.38
4	399006	创业板指	-0.95	2114.71	-20.28	--	--	2935万		0.01	1.77	2135.79	2136.26	2114.04
5	399106	深证综指	-0.62	2077.37	-12.96	--	--	1.69亿		0.02		2091.67	2091.96	2076.15
6	399004	深圳100R	-0.19	4767.83	-8.95	--	--	3547万		0.03		4782.94	4789.30	4763.05
7	399007	深证300	-0.37	4324.36	-16.15	--	--	5754万		0.02		4344.46	4344.46	4321.10
8	399008	中小300	-0.30	1507.37	-4.61	--	--	3471万		0.03		1514.70	1514.87	1506.34
9	000016	上证50	0.09	2379.80	2.08	--	--	3965万		0.00		2380.66	2387.17	2374.47
10	000010	上证180	-0.10	7510.05	-7.53	--	--	7913万		0.00		7532.78	7539.57	7502.23
11	000009	上证380	-0.46	5723.37	-26.67	--	--	3906万		0.06		5754.71	5758.69	5718.52
12	000300	沪深300	-0.16	3470.14	-5.61	--	--	1.17亿		0.06	0.46	3481.81	3484.34	3466.51
13	000903	中证100	-0.03	3280.77	-1.11	--	--	6308万		0.07		3280.22	3293.24	3276.86
14	000905	中证500	-0.47	6527.43	-30.59	--	--	5699万		0.00		6561.72	6562.66	6522.96

序号	名称(1173)	涨幅%	现价	量比	涨速%
1	N美迪	43.96	13.95	0.0	0.00
2	华安证券	10.05	11.17	1.54	0.00
3	宝光股份	10.02	23.49	1.38	0.00
4	浦油泵	10.01	26.70	0.0	0.00
5	三雄极光	10.01	27.80	0.0	0.00
6	国泰集团	10.01	39.89	1.70	0.00
7	神力股份	10.01	29.70	0.0	0.00
8	海天精工	10.01	19.35	1.29	0.00
9	镍木股份	10.00	40.58	1.33	0.00
10	上海凤凰	10.00	27.94	1.89	0.00
11	三江购物	9.99	36.95	1.16	0.00
12	康德莱	9.99	47.23	2.96	0.00
13	宏辉果蔬	9.99	29.70	5.68	0.00
14	中通国脉	9.99	21.80	0.0	0.00
15	吴江银行	9.99	19.16	13.58	0.00
16	苏州科达	9.98	18.62	0.0	0.00
17	贵绳股份	9.98	18.51	0.96	0.00
18	莫高股份	9.98	18.51	1.80	0.00
19	青海春天	9.98	17.63	1.56	0.00
20	大豪科技	9.73	47.47	0.81	4.53
21	通灵珠宝	7.04	55.19	4.60	0.23
22	中电广通	7.03	32.12	1.98	1.32
23	中国联通	6.86	7.01	0.92	0.42
24	九鼎投资	6.69	48.19	3.89	0.06
25	大西洋	6.40	5.75	1.16	-0.51
26	百大集团	6.45	15.02	7.08	0.40
27	韩建河山	6.42	19.24	2.09	-1.07
28	中华产业	5.90	21.36	1.26	0.04
29	诺德股份	5.82	11.28	3.14	0.04
30	天目药业	5.61	36.71	3.77	-0.02
31	同达创业	5.31	46.57	2.15	0.47
32	海立股份	5.31	13.88	3.03	0.28
33	博通股份	5.20	62.94	3.07	0.00
34	上海物贸	5.14	17.19	2.77	0.17
35	上海科技	5.09	16.31	0.84	0.36

图 7-1 沪深主要指数及其个股

1. 上证指数

上证指数的代码是 000001，是由上海证券交易所编制和最早发布的指数，通过将在该交易所挂牌上市的全部股票作为计算依据，以发行量为权数综合，可以反映上海证券交易市场的总体走势。

1990 年 12 月 19 日为上证指数的基日，基日的指数定为 100 点，并于 1991 年 7 月 15 日开始实时发布。

图 7-2 为上证指数分时图的基本概况，它是股市当天整体趋势走向的主要参照物。

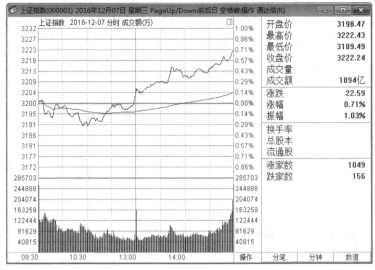

图 7-2　上证指数分时图

2. 深证成指

深证成指的代码是 399001，是深圳证券交易所的主要指数。1994 年 7 月 20 日为深证成指的基日，基日的指数定为 1000 点，并于 1995 年 5 月 1 日开始计算。图 7-3 为深证成指分时图的基本概况，它是深圳市场当天股价整体趋势走向的主要参照物。

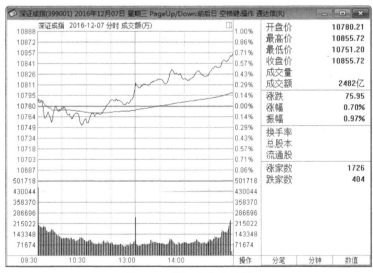

图 7-3　深证成指分时图

在软件主窗口下方的状态栏中，通常会显示两大主要指数的即时数据，图 7-4 为方便投资者快速了解大盘行情的即时数据。

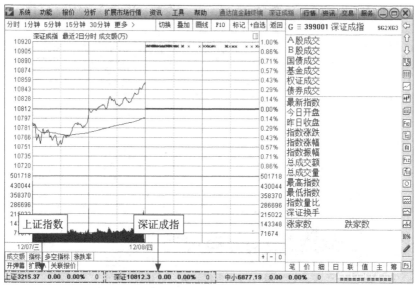

图 7-4　状态栏显示两大主要指数的即时数据

7.1.2　大盘分时图看盘要点

图 7-5 为大盘的分时图走势区。

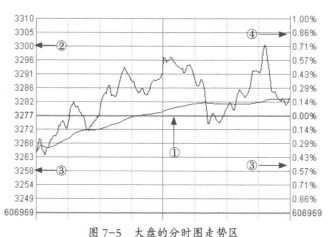

图 7-5　大盘的分时图走势区

①位置上的水平线：大盘上一个交易日的收盘价。

②位置上的红色数值：代表大盘上涨时具体的对应数值，指数运行至该区域时，说明大盘整体行情是上涨的。

③位置上的绿色数值：代表大盘下跌时具体的对应数值，指数运行至该区域时，说明大盘整体行情是下跌的。

④位置上的红色百分比数值：代表大盘上涨时对应的具体百分比。

⑤位置上的绿色百分比数值：代表大盘下跌时对应的具体百分比。

通常情况下，大盘股的活跃程度要低于小盘股，因此投资者可以根据大盘和小盘股的走势形态的对比结果来研判行情。图7-6为小盘股线一直运行于大盘股线之上，表示当天小盘股的整体涨势要强于大盘股，是中小板个股领涨的行情。

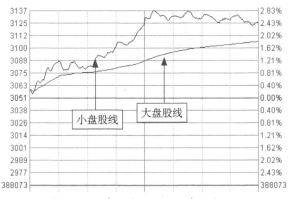

图7-6　小盘股线运行于大盘股线之上

图7-7为小盘股线一直运行于大盘股线下方，表示当日小盘股的整体跌幅要高于大盘股，是中小盘个股普跌的行情。

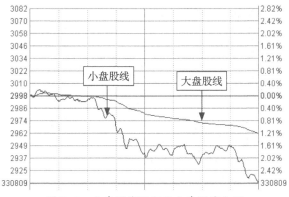

图7-7　小盘股线运行于大盘股线之下

7.1.3　大盘走势的高低点分析

对于投资者来说，可以通过观察上证指数的大盘走势形态，分析市场的整体趋势，从而为个股的交易操作提供有力的依据。尤其是判断大盘股线在分时图上的运行趋势，找出大盘分时图指数线的运行规律，可以帮助投资者更好地研判个股行情，如图7-8所示。

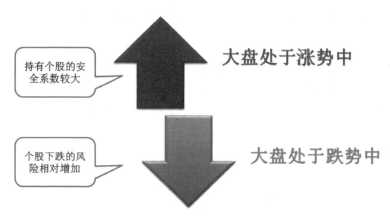

图 7-8　大盘与个股的关系

在分时图上，大盘曲线的波动运行过程中会出现一些短暂的高点和低点，而很多个股会跟随大盘涨跌，因此投资者只要可以准确把握住大盘分时图上的高低点，即可更好地操作个股。

在大盘分时图界面中，可以按下键盘上的【/】键调出红绿柱线，如图 7-9 所示，投资者可以根据其伸缩情况来分析大盘的高低点。

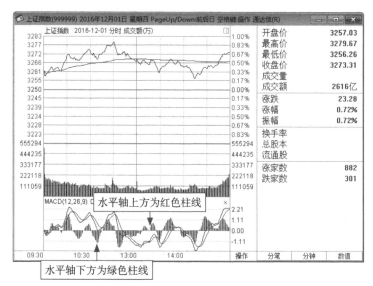

图 7-9　调出红绿柱线

如图 7-10 所示，上证指数的大盘在上涨时，②位置上的红色柱线却在萎缩，指数随即开始下跌。因此红色柱线一旦缩短，说明指数上升力度开始衰竭，但不会马上下跌，此时投资者需要观察一段时间，如果红色柱线继续缩短，则可以判断指数的短期高点已经不远了。

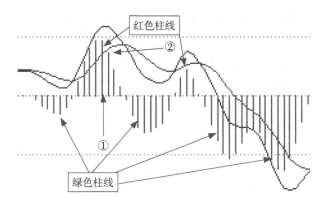

图 7-10　利用红色柱线判断大盘高点

当然，大盘当天可能会形成多个短期高点，此时运用红绿柱线来指导买卖可能会导致频繁的交易。因此，投资者可以根据背离理论加以辅助判断行情。图 7-11 为在指数上涨过程中，第二次产生的红色柱线群面积明显小于第一次，说明行情已经开始背离，即将反转向下。

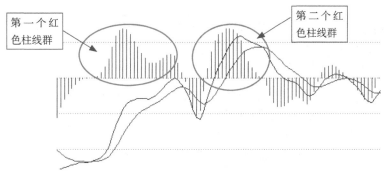

图 7-11　根据背离理论辅助判断大盘行情走势

7.2　分时图的 6 大常见形态分析

本节将从形态分析的角度介绍分时图的不同运行线路，以及由此形成的形态特征，这对投资者更加形象直观地认识分时图有着重要的作用。

7.2.1　分时图拉升形态

分时图拉升形态是股价当天走势强势的表现，就像有一股无形的动力在把股价往上推一样，股价涨幅逐步增加，与高开高走类似，如图 7-12 所示。

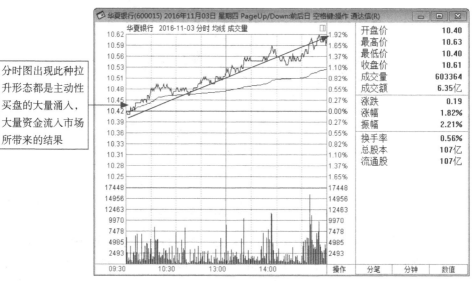

图 7-12　分时图拉升形态

分时图出现此种拉升形态都是主动性买盘的大量涌入，大量资金流入市场所带来的结果

分时图拉升形态出现在不同位置，其含义也不相同，如图 7-13 所示。

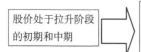

股价处于拉升阶段的初期和中期 ⟹ 当日分时图形成拉升形态，这是主力投入大笔资金进行拉升股价的行为，主力意图想要大幅拉升股价从而迅速脱离持仓成本区，为日后套现做好准备

股价处于见顶阶段 ⟹ 当日分时图形成拉升形态，显示市场做多情绪已涨至顶点，股价随时可能下滑。主力此时拉高股价，目的与前一章所述的尾盘拉高盘面分析类似，即拉高出货，投资者应采取观望态度

图 7-13　不同位置的分时图拉升形态分析

专家提醒

分时图拉升形态的表现有以下几种情况。

- 情况一：一般是早盘低开，甚至股价有所回落，但很快被拉起，在盘中股价并未再次下跌，而是不断向上拉升，最后拉高收盘。

- 情况二：有时股价当天表现特别强势时，早盘便高开，随后高开高走，在成交量不断放大的过程中，股价不断上升，拉升态势明显，直至收盘。

- 情况三：有时在早盘，主动性买盘还未出现，此时是卖盘占据主导地位，股价可能平走或者低走，但这不会持续太久，待多方养精蓄锐完成后，便开始出动买盘大军，瞬间吞没空方的阵地，拉升股价。

7.2.2　分时图震荡形态

震荡形态就是在分时图股价形成反复上下震荡运行的态势，股价时上时下，飘忽不定，不容易把握股价趋势，如图 7-14 所示。

该股股价早盘被小幅拉高后立即下滑，随后再次被拉起。可惜好景不长，过后股价深幅下跌，跌破均价线并逐渐远离，随后又被拉起形成了震荡形态，最后股价弱势收盘

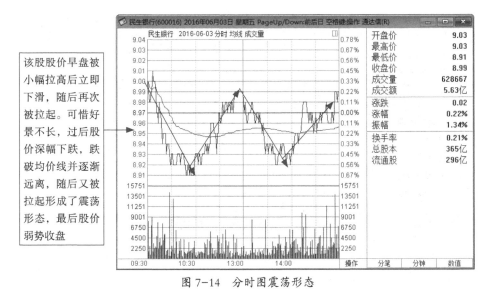

图 7-14　分时图震荡形态

分时图震荡形态出现在不同位置，其含义也不相同，如图 7-15 所示。

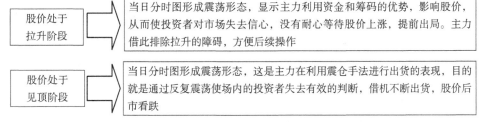

| 股价处于拉升阶段 | 当日分时图形成震荡形态，显示主力利用资金和筹码的优势，影响股价，从而使投资者对市场失去信心，没有耐心等待股价上涨，提前出局。主力借此排除拉升的障碍，方便后续操作 |
| 股价处于见顶阶段 | 当日分时图形成震荡形态，这是主力在利用震仓手法进行出货的表现，目的就是通过反复震荡使场内的投资者失去有效的判断，借机不断出货，股价后市看跌 |

图 7-15　不同位置的分时图震荡形态分析

分时图震荡形态的表现有以下几种情况。

- 情况一：股价可能高开高走，早盘表现尚佳，但没过多久，股价就被大幅打低，下跌幅度不小，随后被拉起，而后再次打低，并反复震荡，尾盘再次被拉高。
- 情况二：股价可能在开盘就表现弱势，迅速下跌，并创出新低，随后股价在均价线附近反复上下，至尾盘又被拉高。
- 情况三：股价有时开盘平开，而后下跌击穿均价线，并持续下滑，股价在底部徘徊，形成多个相对低位，股价多次见底，但并未跌停，到了尾盘，股价逐渐被拉起，并拉高收盘。

7.2.3 分时图回调形态

分时图回调形态是指股价在一天的运行中被拉高后出现大幅下滑打低的形态，通常是早盘拉高，盘中或者尾盘进行打低股价，尾盘压低收盘，如图 7-16 所示。

该股股价早盘开始便大幅拉高，形成顶部，随后股价被强势打低进入横盘整理阶段，并出现大幅滑落的行情，随后股价在尾盘时又再次被拉起

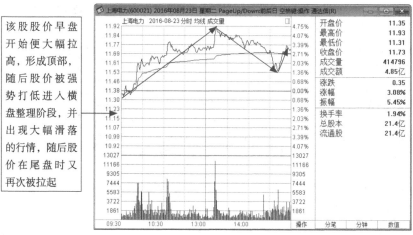

图 7-16 分时图回调形态

分时图回调形态出现在不同位置，其含义也不相同，如图 7-17 所示。

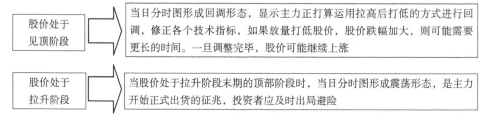

| 股价处于见顶阶段 | 当日分时图形成回调形态，显示主力正打算运用拉高后打低的方式进行回调，修正各个技术指标，如果放量打低股价，股价跌幅加大，则可能需要更长的时间。一旦调整完毕，股价可能继续上涨 |
| 股价处于拉升阶段 | 当股价处于拉升阶段末期的顶部阶段时，当日分时图形成震荡形态，是主力开始正式出货的征兆，投资者应及时出局避险 |

图 7-17 不同位置的分时图回调形态分析

分时图回调形态的表现有以下几种情况。

- 情况一：分时图在形成回调形态的过程中，主力通常采取早盘上拉，盘中回调的手法。在早盘时，股价往往出现涨幅较大、涨势较快的上升态势，并展开一波强势的上拉行情，这一时间段内会有大量买盘涌入，可能是主力的，也可能是市场中跟风者的。

- 情况二：股价在市场买盘的支撑下快速拉高，成交量有所放量。但股价上涨一段时间后，主力不是开始停止拉升，而是采取快速打低股价的方法，具体是在卖盘中挂出大抛单，用来阻止股价继续上涨。因此，股价就形成冲高回落的调整形态。

- 情况三：股价有时由于市场恐慌盘的大量出逃，会致使其深幅下跌，形成深深的谷底。但到了尾盘，有时股价压低收盘，有时也会稍微走高或者重新上涨后在高位收盘，这取决于主力是否愿意再次拉升股价或者市场中的筹码稳定度很好，使股价保持上升趋势。

7.2.4 分时图缓跌形态

分时图缓跌形态是一种市场中以下跌力量为主导的弱势形态，股价从一开盘就开始下跌，此后市场黯淡无生机。不同于震荡形态和回调形态，股价在全天没有出现过强劲的反弹和拉升，而是平稳缓慢地下跌，直至低位收盘，与低开低走类似，如图 7-18 所示。

该股股价从早盘就表现弱势，股价一步步下滑，成交量密集放大，甚至放出天量，到了午盘，跌势稍微缓和，但依旧表现疲软，直至收盘都处于缓慢下跌的走势

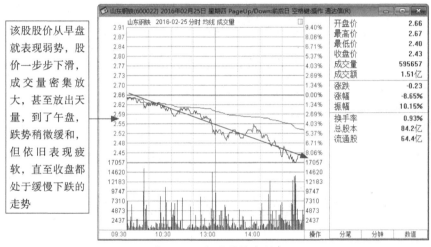

图 7-18 分时图缓跌形态

分时图缓跌形态出现在不同位置，其含义也不相同，如图 7-19 所示。

缓跌形态中，股价全天始终没有出现实质性上涨，市场一直被空头气氛所包围，主动性买盘暂居下风，主动性卖盘占据市场大部分位置。由于没有主动性买盘，说明市场并未出现大量资金流入，反而表明有很多资金在流出。

股价处于拉升阶段	当日分时图形成缓跌形态，则可能是主力正采取缓跌打低股价方式进行整理，此手法的目的与回调形态和震荡形态在上涨阶段的目的是相同的，都是主力在整理当前过度上涨的趋势，给市场降温，从而为后续的操作铺平道路
股价处于见顶阶段	当日分时图形成缓跌形态，则说明主力正在缓慢出货，股价已经见顶，如果量能未放大，说明主力低调出货，与低开低走类似；如果量能放大，则后市股价可能一跌不可收拾

图 7-19 不同位置的分时图缓跌形态分析

分时图缓跌形态的表现有以下两种情况。

- 情况一：如果在盘中成交量未放大，说明市场中没有出现大量换手，抛盘数量不大，股价下跌态势并不会持续太久。
- 情况二：如果盘中成交量大幅放量，说明市场中存在大量换手，抛盘数量较大，股价下跌动力十足，持续时间可能较长。

7.2.5　分时图杀跌形态

分时图中出现的杀跌形态与缓跌形态类似，股价全天笼罩在空头的阴影之下，股价重心不断向下，市场极度弱势，最后股价压低收盘，但有时尾盘也会有小幅的回升，如图 7-20 所示。

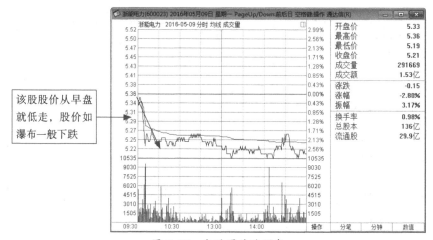

图 7-20　分时图杀跌形态

分时图杀跌形态出现在不同位置，其含义也不相同，如图 7-21 所示。

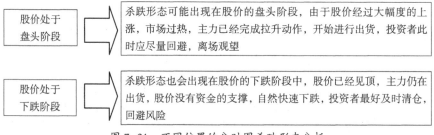

图 7-21　不同位置的分时图杀跌形态分析

在杀跌形态中，股价一般低开，随后股价持续下跌，下跌趋势始终贯穿股价全天的运行情况中。

分时图杀跌形态的表现有以下两种情况。

- 情况一：有时，在下跌过程中可能会出现短暂的回升，形成一种短时间的尖角状的形态，这是主力在出货前进行的障眼法，让投资者误认为股价不易深幅下跌，而此时，主力则慢慢向外派发持股，吸引市场中的跟风资金买入。

- 情况二：有时，早盘甚至会出现短暂的上涨走势，并横盘一段时间。但到了午盘股价大幅跳水，杀跌形态正式出现，股价近乎直线下跌，最后压低收盘。此时，主力猛烈打低股价，同时借机顺利出货，主力出货完成，股价的下跌势头还将会继续。

专家提醒

出现杀跌形态后，很多盘中的投资者对股价仍抱有幻想，不愿出局，坚持做股东，结果只是帮助主力顺利出货。由于大量的筹码出逃，股价自然支撑不住而大幅下跌，此时才醒悟过来的投资者已是为时已晚，股价已经深幅下跌，投资者纷纷被套牢。

7.2.6 分时图涨停形态

分时图中出现的涨停形态是一种常见的强势形态，说明当天市场中多方完全占据主动地位，空方被多方大军牢牢压制，如图 7-22 所示。

主力通过快速拉高股价至涨停板位置，从而显示出市场上涨势头极为强劲的表象，营造浓厚的买入氛围，产生较大的市场影响力，以吸引场外的投资者跟风买入。此后，在市场中会形成一股跟风买入的热潮，大量的主动性买盘在涨停的第二个交易日接连进入市场，场外资金大笔流入，共同推动股价不断上涨，主力借此拉升股价，完成买卖计划。

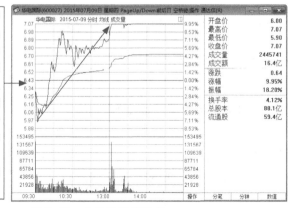

该股股价早盘时并未直接涨停，而是小幅下跌后被强力拉升，而后股价保持上涨态势，并且越拉越高，随着成交量的放大，股价强势上涨，在盘中阶段就已经涨停，说明市场表现强势，买入热情高涨

图 7-22 分时图涨停形态

分时图涨停形态出现在不同位置，其含义也不相同，如图7-23所示。

股价处于拉升阶段的初期或中期	⟹	当日分时图出现涨停形态，说明主力投入大笔资金进行拉升动作，制造涨停现象吸引投资者买入，从而帮助主力推高股价，主力即可坐收渔翁之利
股价处于上升末期的顶部阶段	⟹	当日分时图出现涨停形态，则可能显示主力在趁机出货。主力制造短时间的涨停进行诱多，吸引场外投资者跟风买入，跟风者买入大量主力在前期拉升后的高价筹码，主力顺利出货。到了第二个交易日，股价通常大跌，跟风者只能是自己承受损失

图7-23　不同位置的分时图涨停形态分析

专家提醒

分时图涨停形态的表现有以下三种情况。

- 情况一：股价在开盘即高开涨停，全天封住涨停板。
- 情况二：股价早盘持续拉升后不久股价随即涨停。
- 情况三：有时股价涨停后有回落，而后再次涨停，形成多个波次的涨停。

　　无论是哪一种类型，涨停形态都是主力通过拉升手法制造的。

7.3　利用分时图形态研判大盘行情

　　前面介绍了各种分时图的走势形态，投资者可以加以利用，从而更精准地研判大盘的行情，为个股交易提供参考。

7.3.1　利用分时图价格回调分析行情

　　在大盘分时图价格回调形态中，投资者可以通过回调的时间、力度和量能来研判大盘行情。

1. 通过回调的时间判断股票短线强弱

大盘分时图价格回调的时间主要包括以下三种类型。

（1）**短时回调。**上涨的时间要远远大于回调的时间，如果回调的时间并不长，说明指数再次上涨的空间更大，如图7-24所示。

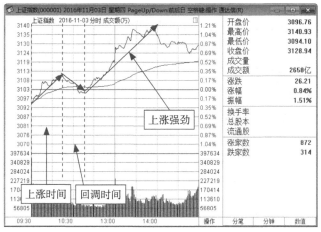

图 7-24　短时回调

（2）**中时回调**。上涨的时间与回调的时间基本一样，此时需要观察量能，根据量能的变化来判断行情是否放大。

（3）**长时回调**。上涨的时间要远远小于回调的时间，说明指数再次上涨的可能性较低，如图 7-25 所示。长时回调通常是主力在顺势出货的表现，也有可能是主力感到抛压沉重，难以继续作高，通过震荡化解抛压。

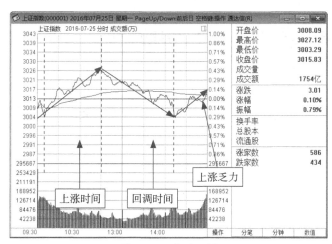

图 7-25　长时回调

2. 通过回调的力度判断股票短线强弱

大盘分时图价格回调的力度主要包括以下 3 种类型。

（1）**弱势回调**。回调的空间低于上涨波段的 1/3，如图 7-26 所示，说明空方已经无力反攻，当股价再次突破前期的波峰高点时，投资者可以介入。

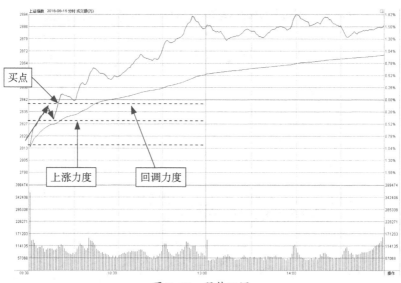

图 7-26　弱势回调

（2）**中度回调**。回调的空间位于上涨波段的一半左右，此时需要观察量能，根据量能的变化来判断行情是否放大。

（3）**强势回调**。回调幅度超过上涨的一半以上，或这彻底回落到开盘价位置，说明股价很难再创新高，投资者要坚决回避，如图 7-27 所示。

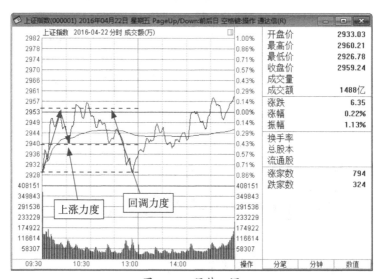

图 7-27　强势回调

3. 通过回调的量能判断股票短线强弱

大盘分时图价格回调的量能主要包括以下两种形态。

（1）完美形态。

- 正三角形形态：在行情上涨的过程中，成交量呈现出正三角形形态，图7-28 说明场外资金正在积极拉升股价，后市上涨动力强劲。

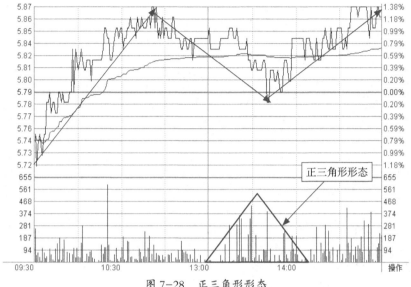

图7-28 正三角形形态

- 倒三角形形态：在行情回落的过程中，成交量呈现出倒三角形形态，图7-29 说明高位的抛压正在减弱甚至消失，后市行情看涨。

图7-29 倒三角形形态

（2）**危险形态**。在分时图中，如果出现无量上涨和放量回调形态，短线投资者一定要谨慎，注意及时调整方向，回避可能出现的危险。图 7-30 为该股在回调过程中，出现了非常明显的放量，说明市场上的主动性卖盘增多，抛压逐步加强，有主力出货迹象。

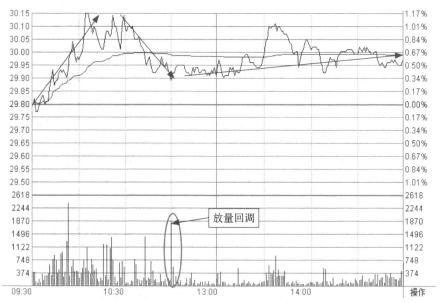

图 7-30 放量回调形态

总之，在分时图中，大盘的成交量和个股的成交量一样，都需要量能来推动价格上涨。如果出现底部放量上涨的情况，说明有大资金进入，投资者可以跟入；如果出现高位或回调放量下跌的形态，说明大资金正在流出，投资者应及时回避。

7.3.2 利用分时图涨跌角度分析行情

分时图的涨跌角度主要包括上涨、反向、极限等形态，下面进行具体分析。

1. 上涨角度分析

股价在分时图中经过回调后，如果已经证明回调是有效的，那么下一步就可以研究再次上涨的角度了，其判断依据就是角度的陡峭程度，从中可以看出价格被拉升的力度强弱。

上涨角度主要分为以下三种情况。

（1）**强势角度**。股价经过回调后，再次上涨时的角度非常陡峭，远远大于前一次的上涨角度，这种形态说明股价有可能出现涨停，如图 7-31 所示。

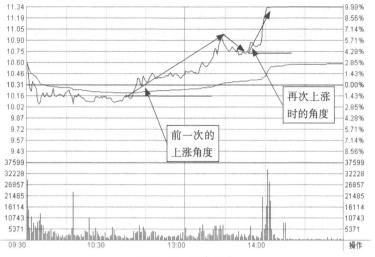

图 7-31　强势角度

（2）**平行角度**。股价经过回调后，再次上涨的角度与前一次的上涨角度处于平行位置，同样可以获得较大的涨幅。

（3）**弱势角度**。股价经过回调后，再次上涨的角度要远小于前一次的上涨角度，说明多方力量不足，上涨动力减弱。

2. 反向角度分析

在分时图中，如果回调是无效的，那么此时回调形态将转变为反转形态，图 7-32 说明回调幅度比较大，而且时间也比较长。

在反向过程中，若向下的反向角度非常陡峭，则表示市场的卖方情绪高涨，反转能力很强，这往往是市场由盛转衰的表现。

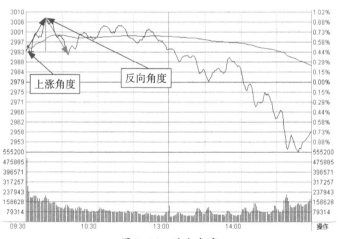

图 7-32　反向角度

3. 极限角度分析

极限角度是指回调后的上涨角度极为陡峭，接近 90° 的直角，通常是分时图中的最后一波涨势，如图 7-33 所示。

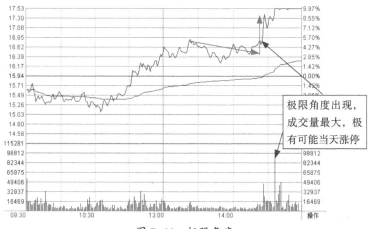

图 7-33　极限角度

7.3.3　利用分时图反弹形态分析行情

在分时图上的下跌行情中，短线投资者可以利用分时图反弹形态进行获利。图 7-34 为顶 1 高于顶 2，顶 2 高于顶 3，顶 3 高于顶 4，底 1 高于底 2，底 2 高于底 3，底 3 高于底 4，股价不断向下延伸并创出新低，形成了一波很明显的下跌行情。对于短线投资者来说，每一个反弹顶点都是短线的卖出点，而只有最后一个低点（底 4）才是值得介入的买点，才有可能实现短线盈利。

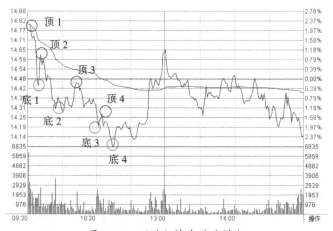

图 7-34　下跌行情中的反弹点

不过，在熊市行情下，短线投资者也不能太急于参与，最好找到最低点来进行短线操作，以免资金被深套。下面是利用分时图反弹形态进行短线操作的两个要点。

（1）**背离形态**。在下跌行情中，分时走势出现明显的低背离形态，这是短线操作的重要信号。图 7-35 为从顶 4 到底 4 的跌幅明显小于从顶 1 到底 1 的跌幅，说明行情产生低背离，因此短线投资者可以考虑在底 4 处参与抢反弹。

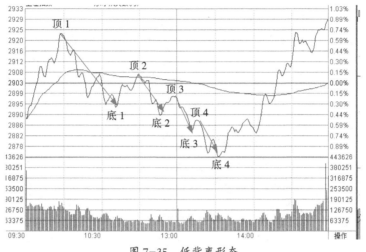

图 7-35　低背离形态

（2）**回调形态**。图 7-36 为股价在快速下跌行情中，并未出现明显的反弹，直到底 2 形成后，出现了一波较强的反弹，而回调后的底 3 比起底 2 有明显的涨势，此时，底 3 就是一个不错的短线买入点。

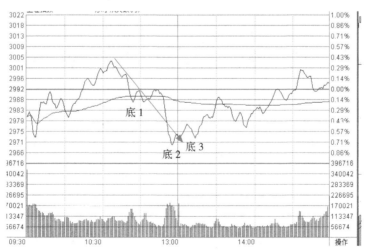

图 7-36　回调过程中的反弹点

7.3.4　利用分时图区间形态分析行情

区间形态主要是指股价在分时图中长时间围绕某一中轴上下运行，这个中轴可能是均价线、前一交易日的收盘线或者其他价位，其高低点互为交错，难以看出具体的行情走势，如图 7-37 所示。

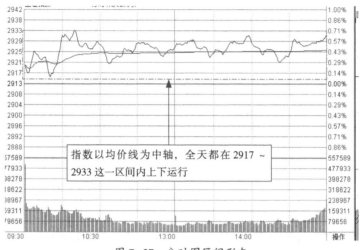

图 7-37　分时图区间形态

分时图区间形态中的操作价值通常不高，但如果区间中的波幅较大，顶峰和底部之间有一定的操作空间存在，这样才稍具短线投资价值。

如图 7-38 所示，股价虽然全天都围绕均价线在前一收盘线上方波动，但在开盘后不久出现了一个较高的波峰，其波动空间具备一定的短线操作利润。

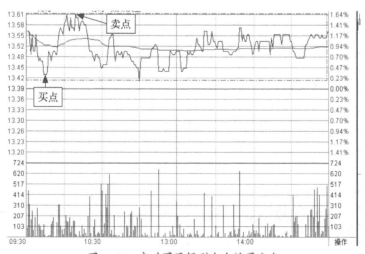

图 7-38　分时图区间形态中的买卖点

第8章
分时图上的买入形态

学前提示

　　价格上涨时，投资者都希望能在最恰当的时机买入股票，既希望买入的点位较低，又不愿意买入股票后等待漫长的上涨过程。本章介绍如何利用分时图来寻找买入点，只要掌握了分时图中常见的买入形态，投资者遇到价格上涨的走势时，就不会再有不知何时买入的困惑了。

要点展示

>>> 从均价线寻找买入形态

>>> 从成交量寻找买入形态

>>> 分时图底部买入形态

8.1 从均价线寻找买入形态

分时图中的均价线是由股票分时成交平均价格数值点链接而成的曲线，它可以客观地反映当日投资者的平均持仓成本，对于买入位置分析有重要的参考作用。

8.1.1 均价线之上的买入形态

若股价在早盘时没有太大起色，沿着均价线横向运行，一段时间后，股价在均价线之上位置开始上涨，形成买入点，若股价处于底部，后市可能会展开上涨行情。

下面举例分析如何获得均价线支撑的买入点。

图 8-1 为华泰股份（600308）2016 年 3 月 1 日的分时图。从图中可以看到，该股早盘时小幅下挫，但随即进入横盘阶段，14：44 股价突破均价线，之后在均价线之上获得支撑，股价大幅拉升。

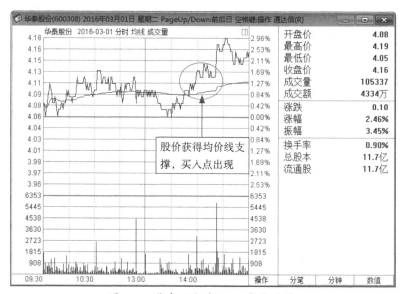

图 8-1　华泰股份（600308）分时图

华泰股份的 K 线走势如图 8-2 所示，从图中可以看到，该股前期处于底部横向运行之中，股价在底部徘徊，至 3 月 1 日股价微幅上涨。当日分时图中出现均价线支撑的买入点，投资者可在股价运行至均价线之上的时候买入，后市股价大幅上涨，证明买入点有效。有时，在上涨途中出现分时线获得均价线支撑的情况，这更加是一个不错的头人信号。

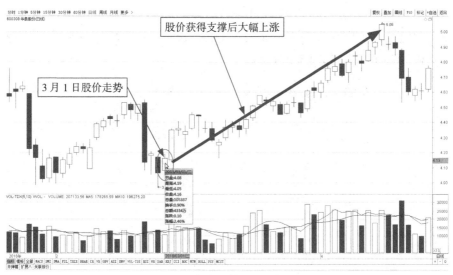

图 8-2 华泰股份（600308）K 线图

专家提醒

　　股价在每次上涨过程中都不会一往直前地向上运行，而是必定会出现回调的过程，而回调的过程仅仅是有深幅和浅幅震荡之分而已，投资者此时有两种选择。

- 在股价上涨时追高买入，此时买入的位置较高，但是风险相对较小，如图 8-3 所示。

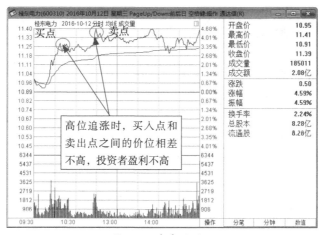

图 8-3 在高位买入

- 利用股价回调时买入股票，此时风险相对较大，但是买入的价位较低，可获得不错的利润，如图 8-4 所示。

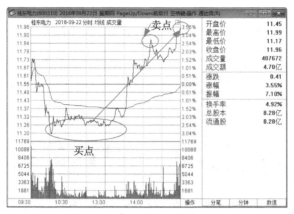

图 8-4　在回调时的低位买入

利用分时图均价线的支撑位买入股票是后一种选择，即股价在回调时，如果触及均价线支撑的位置，而受到支撑强势反弹，则就是一个较好的买入时机，此时买入的价位相对较低，如图 8-5 所示。

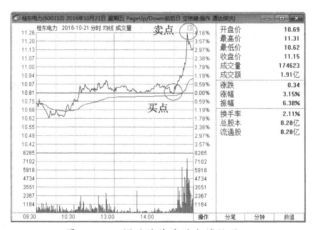

图 8-5　回调时均价线的支撑位买入

8.1.2　均价线之下的买入形态

图 8-6 为价格线在收盘前一直位于均价线下方运行，而且运行的方向朝下，说明当天处于弱势行情，市场抛压严重，未来股价仍可能下行，市场预期偏差，投资者暂

时不宜参与。

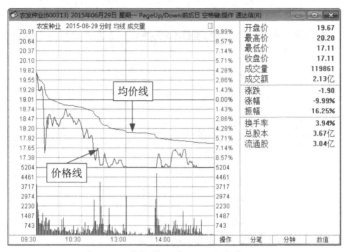

图 8-6 价格线一直处于均价线下方

图 8-7 为股价长时间在均价线下方平行移动，始终无法有效突破均价线，这是因为均价线对股价有较强的压制作用。

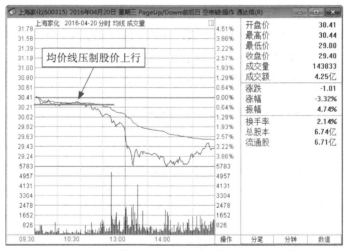

图 8-7 下跌行情中均价线对股价有较强的压制作用

在均价线的压制下，如果股价线长时间无法有效突破，则说明空方的力量非常强大，而多方已经无力招架，一旦横盘整理结束，股价将继续下跌。

在这种盘面中，投资者该如何进行操作呢？通常情况下，若股价不能向上突破均价线，则不建议投资者参与，这样可以规避股价继续下跌的风险。

图 8-8 为洪都航空（600316）2016 年 5 月 6 日的分时走势图。从图中可以看到，早

盘股价跌破均价线后，虽然有所反弹，但力度太小，反弹失败后便一落千丈，再无力向上突破。因此，投资者只要保持不在均价线之下买进该股，即可减少低位被套的风险。

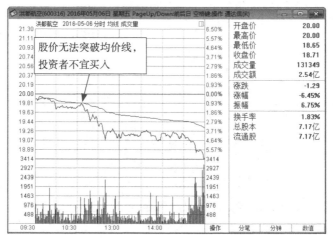

图 8-8　不在均价线之下买入

再次申明，在均价线之下买入股票，具有很大的下跌风险，但对于投资者来说，也不是完全没有机会。下面介绍两种均价线之下的买入形态。

（1）超跌抢反弹。图 8-9 为营口港（600317）2016 年 7 月 12 日的分时图，从图中可以看到，股价从早盘开始便大幅下跌，虽然多方积极救市，但迫于均价线的压力，股价再次下跌到跌停板附近，远低于均价线，此时股价并未停在跌停板上，说明多方仍有一些力量，则该点就是短线超跌抢反弹的买入点。

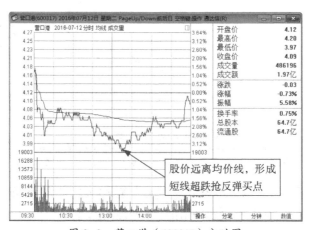

图 8-9　营口港（600317）分时图

（2）双底或多重底。图 8-10 为新力金融（600318）2015 年 11 月 30 日的分时走势图，从图中可以看到，股价大幅下跌后在远离均价线的位置处形成了一个三重底形态，则 B 点和 C 点都是较好的短线买点。

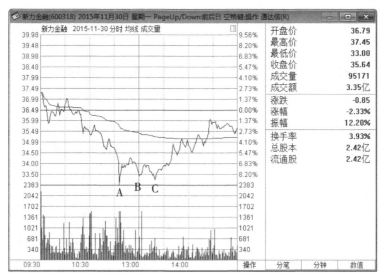

图 8-10 新力金融（600318）分时图（1）

图 8-11 为新力金融（600318）2016 年 10 月 18 日的分时图，从图中可以看到，股价在远离均价线之后，在其下形成第二个低点 B，与第一个低点 A 形成了双重底形态，这个 B 点也是均价线下较好的短线买入点。

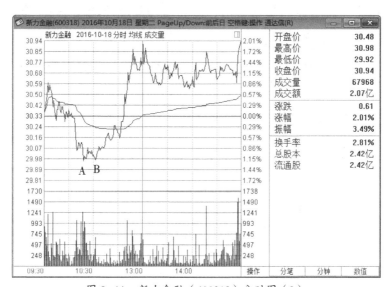

图 8-11 新力金融（600318）分时图（2）

需要注意的是，即便出现了上面这些买入形态，投资者仍需要快进快出，短线获利后立马了结。不然，很可能买入后出现更严重的逆转行情，被深度套牢。

8.1.3 缠绕均价线的买入形态

股价和均价线的运行方向和位置均比较一致，均价线对股价有一定的支撑作用，如图 8-12 所示。

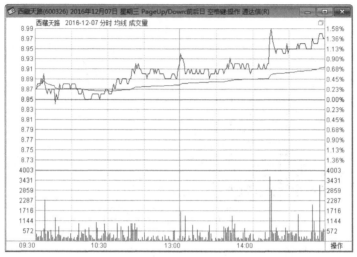

图 8-12　股价缠绕均价线运行

图 8-13 为开盘后股价一直缠绕均价线运行，突破后虽然遭遇几次较大的回调，但始终没有跌破均价线，说明均价线支撑有力，一旦度过盘整期，股价将会迎来较大的拉升。

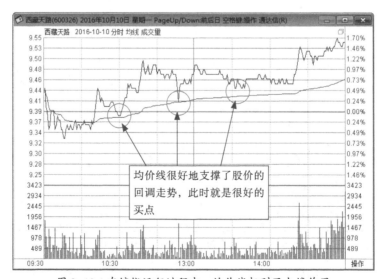

均价线很好地支撑了股价的回调走势，此时就是很好的买点

图 8-13　在缠绕运行过程中，均价线起到了支撑作用

8.2 从成交量寻找买入形态

在进行量价分析之前,首先需要对成交量的一些基本概念有一定的了解,包括成交、成交量、成交量值,其基体含义如表8-1所示。

表 8-1 成交量的相关概念

相关概念	基本含义
成交	买卖双方报价一致从而达成的交易行为
成交量	指定时间内成交的数量,其计算单位为手,1手相当于100股
成交量值	指实际成交金额(每股成交价 × 成交量),其基本统计单位是元,在行情分析软件上都是以万元为统计单位

成交量是单位时间内股票的成交总数,分时图中的黑色柱线就是成交量,柱线越高,说明成交量越大,如图8-14所示。

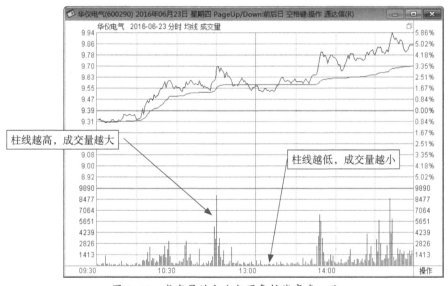

图 8-14 成交量的大小与黑色柱线高度一致

在分时图中,成交量有大有小,根据柱体的长短,可以明显看出来。

- 柱体长,成交量较大;柱体短,成交量较小。若较大成交量都位于同一时间段,则将该区域称为成交密集区,
- 相反,若某一阶段成交量普遍低迷,则这个区域就被称为非成交密集区。

股票成交量的大小给投资者预示了很多信息，投资者可以从股票在某个时间段成交量的大小大致看出该股的近期走势情况。

8.2.1 量价齐升

量价齐升是一种非常良好的量价配合形态，尤其是在行情刚刚启动时，出现这种形态说明市场做多的意愿强烈，是短线投资者参与的好时机。

下面举例分析量价齐升形态的盘面。

图 8-15 为羚锐制药（600285）2016 年 6 月 15 日的分时图，从图中可以看到，早盘一开始行情就已经启动，出现量价齐升的形态，此时正是短线买入的好机会，投资者若能及时入场，大多可以坐享其后的拉升行情。

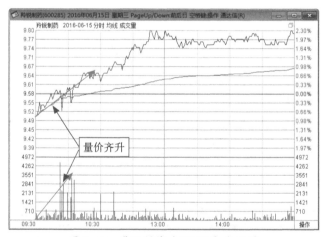

图 8-15　羚锐制药（600285）分时图

图 8-16 为羚锐制药的 K 线图，从 K 线图中可以看到，6 月 15 日正好是一波上涨行情的底部，这一天买入的投资者可以享受到之后股价放量拉升的成果。

图 8-16 羚锐制药（600285）K 线图

专家提醒

主力如果连续放量拉升股价，此时其行踪就很容易暴露，我们把这样的股票称为强主力股，如图 8-17 所示。此时研究成交量的变化非常有实际意义，投资者如果能够准确地捕捉到主力的操作思路，那么就可以回避拉升中的正常回调，在回调完毕后又能快速买进，持股等待主力拉升。

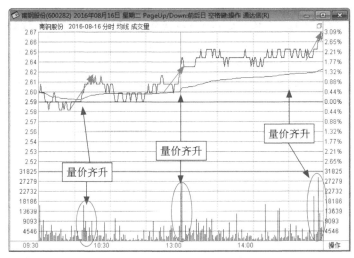

图 8-17 股价拉升过程中出现多次放量

8.2.2 缩量下跌

在缩量下跌盘面中，成交量继续减少，而且估计趋势开始转为下降，此时为卖出信号，如图 8-18 所示。

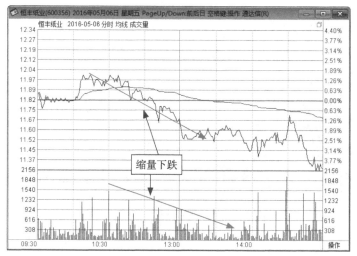

图 8-18　缩量下跌盘面

下面举例分析缩量下跌形态的盘面。

图 8-19 为中化国际（600500）2015 年 6 月 24 日的分时图，从图中可以看到，早盘小幅拉升后就遭遇了空方的大举进攻，随后股价大幅下跌，同时成交量也开始缩量，此时股价会一直跌到多头彻底丧失信心，斩仓认赔时才有可能停止跌势。

图 8-19　中化国际（600500）分时图

图 8-20 为中化国际的 K 线图，从 K 线图中可以看到，6 月 24 日出现缩量下跌形态后，下跌趋势得到确认，股价开始快速下行。

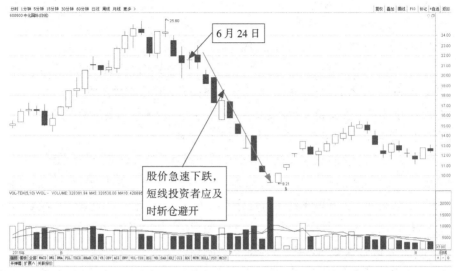

图 8-20　中化国际（600500）K 线图

8.2.3　增量下跌

增量下跌形态主要是指个股在股价下跌的情况下成交量反而增加的一种量价配合现象，是一种典型的短线价量背离的现象，如图 8-21 所示。

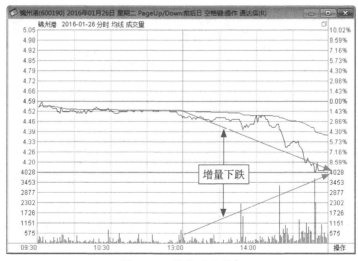

图 8-21　增量下跌形态

增量下跌形态用在股市上，表现为价格下跌，成交量反而上升，说明价格的下跌得到部分买家的认可，大批购买，但也可能是主力在出逃，所以要看成交量、消息面、大市行情的局面。在大家都在出逃时，也会有人认为是建仓的好时机，增量下跌实质上是买卖双方分歧较大的反应。

在不同阶段出现增量下跌形态，其代表的市场意义也不同。

（1）上涨初期和上涨途中。在上涨初期或上涨途中出现增量下跌形态，主要是主力在此震仓整理，只要股价在均线位置获得支撑回升，就会继续上涨。

（2）上涨末期。在上涨末期出现增量下跌形态，说明做多量能衰减，股价上涨乏力，行情即将反转，后市可能出现一波深幅下跌行情。

（3）下跌初期和下跌途中。在下跌初期或下跌途中出现增量下跌形态，主要是主力派发已经完成，股价上涨失去主力依托，做空动能强，这是明显的助跌信号，后市看空。

（4）下跌末期。在下跌末期出现增量下跌形态，说明有资金接盘，尤其是出现快速放量下跌的状态，往往是主力诱空，后期有望形成底部或产生反弹。

下面举例分析上涨途中的增量下跌形态的盘面。

图8-22为复星医药（600196）2016年7月8日的分时图，可以看到其成交量为72577，股价当天收出一根阴线。

图8-22　复星医药（600196）分时图（1）

图8-23为复星医药（600196）下一个交易日的分时图，可以看到当天的股价依然下跌，但成交量却放大了近一倍，达到130861，股价当天收出一根阴线，形成典型的增量下跌形态。

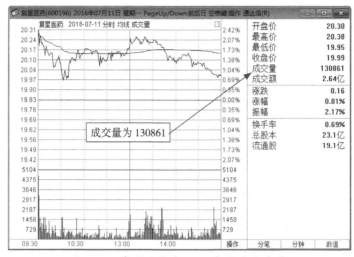

图 8-23　复星医药（600196）分时图（2）

　　结合该形态出现的位置，从 K 线图中可以看到此时正处于价格上涨途中，因此该形态很可能是主力震仓整理的表现，投资者可以选择继续跟进，如图 8-24 所示。

图 8-24　复星医药（600196）K 线图

　　如果投资者仍不确定行情走势，可以再等一个交易日。图 8-25 为复星医药（600196）2016 年 7 月 12 日的分时走势图，可以看到股价经过连续两天的下跌后已经在均线位置获得支撑并反弹回升，同时成交量继续放大，形成量价齐升的形态，后市看涨。

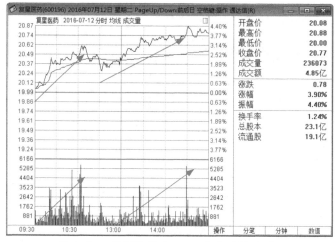

图 8-25　复星医药（600196）分时图（3）

8.2.4　缩量上行

股价在不断上升的过程中，成交量却在逐渐减少，这就是缩量上行的盘面特征。在不同阶段出现缩量上行形态，其代表的市场意义也不同。

（1）上涨初期或中期。说明主力参与程度较高，筹码锁定程度较高，后市仍有一定拉升空间，投资者可以选择持股待涨。

下面举例分析上涨途中的缩量上行形态的盘面。

图 8-26 为伊力特（600197）2016 年 2 月 26 日的分时图，可以看到开盘后股价迅速被拉升，但成交量却不断萎缩，出现缩量上行形态。

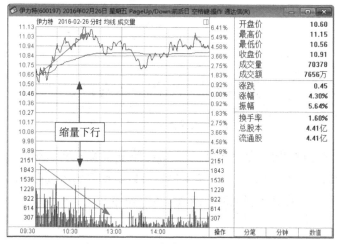

图 8-26　伊力特（600197）分时图

图 8-27 为伊力特的 K 线图，从该股的 K 线图中可以看出，出现缩量上行形态时股票正处于行情上涨途中，这是主力大量吸筹后锁仓拉升股价的表现，后市会继续上涨。

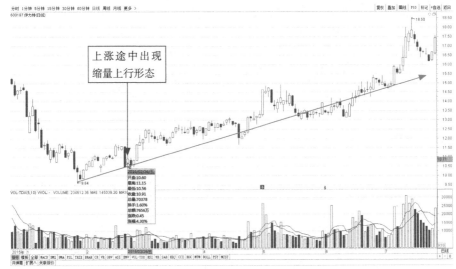

图 8-27 伊力特（600197）K 线图

（2）**上涨末期**。在上涨末期出现缩量上行形态，这是明显的量价背离形态，是强烈的行情逆转信号，后市将进入一段下跌行情。

下面举例分析上涨末期的缩量上行形态的盘面。

图 8-28 为有研新材（600206）2016 年 7 月 5 日的分时图，可以看到当天股价出现了两波比较明显的缩量上行形态。

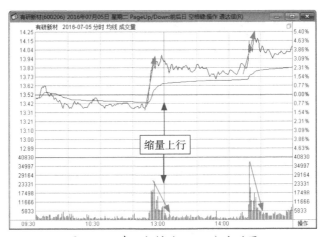

图 8-28 有研新材（600206）分时图

图 8-29 为有研新材的 K 线图，从该股的 K 线图中可以看出，出现缩量上行形态时正处于行情上涨末期，这一般是趋势反转的强烈信号，投资者此时应当离场观望，以规避未来变盘的风险。

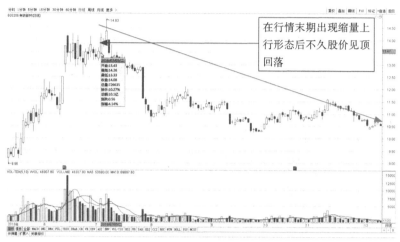

图 8-29 有研新材（600206）K 线图

专家提醒

下面介绍几种量价配合的常见介入机会。

如图 8-30 所示，在分时图中，开盘后 1 小时内股价上下波动不大，价格围绕均价线平行运行，之后股价放量突破早盘盘整高点，量价齐升，形成良好的量价配合形态，是短线跟进的机会。

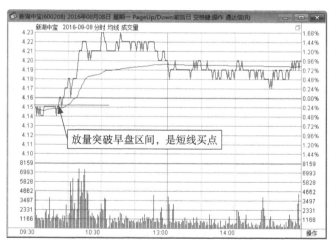

图 8-30 放量突破

图 8-31 为股价开盘后一直围绕前一交易日收盘线横盘整理的盘面，但不久后便放出天量（天量是指股价在运行过程中突然放出一根巨大的量），这是主力通过对敲方式制造的，其目的是清理浮筹。只要在出现天量后几个交易日中股价不跌破天量当日的低点，且股价超过前期高点，投资者就可以适当参与。

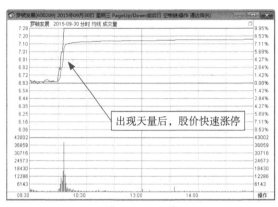

图 8-31　天量

图 8-32 为股价在早盘和午盘时都处于比较低迷的运行范围的盘面，股价上下波动的幅度非常小，而成交量也是萎缩的，但是在收盘前一小时甚至收盘前半小时内，股价突然向上拉升至涨停板，而且股价达到涨停的瞬间，成交量明显增大，而股价达到涨停板成交量又迅速萎缩。

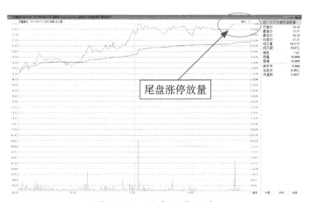

图 8-32　尾盘放量涨停

当投资者遇到尾盘放量涨停的走势后，可以观察该股在日 K 线图中所处的位置。如果股价此前的涨幅不大，还没有达到市场高位，则投资者可以考虑买入股票。

当在分时图中出现尾盘放量涨停形态时，有些投资者可以立即进入市场；而保守的投资者则可以等待此形态出现后股价出现明显的下挫时，利用低位来进场，这样可以降低进场的成本，但是如果股价没有下挫，则会失去一次获利机会。

8.3　分时图底部买入形态

在分时图底部，常见的买入形态包括圆底、双底、头肩底及平底等，本节将详细介绍这些买入形态的具体用法。

8.3.1　圆底

圆底是一种比较强烈的行情逆转信号，通常在下跌行情底部出现，股价经过逐步缓慢下跌运行到低位时又被逐步缓慢拉升，形成一个圆弧底，如图8-33所示，说明后市看涨。

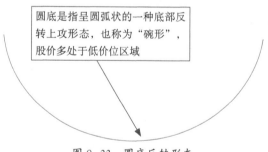

圆底是指呈圆弧状的一种底部反转上攻形态，也称为"碗形"，股价多处于低价位区域

图 8-33　圆底反转形态

专家提醒

通常情况下，在分时图中圆底的成交量曲线也是一个圆弧状的形态，即在底部成交量最小，在股价上升时成交量会逐步增加，这种形态一般意味着其后一个大的升势即将开始，投资者可在成交量明显放大时买进。

下面举例分析圆底形态的盘面。

图 8-34 为升华拜克（600226）2016 年 2 月 5 日的分时图，可以看到当天股价先

是缓缓下滑，虽不断创出新低，但跌不了多少就弹升，比前一个低点稍低，随后在回落到弧底附近时，多空平衡，低点走平，出现盘局，最后是每波回落点都略高于前点，把这些短期低点连接起来，就形成了圆底形态。

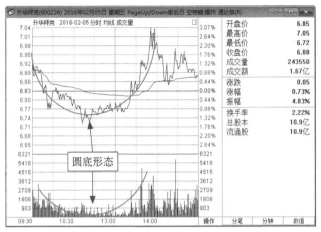

图 8-34 升华拜克（600226）分时图

圆底形态可能是主力机构或先知先觉者入场悄悄收集，且由于股价低廉，又不断吸引买盘使股价攀升，形成了"碗形"的股价走势，表示多方力量渐趋增强，股价及成交量缓缓上升，后市看涨。图 8-35 为升华拜克（600226）的 K 线走势图，很好地验证了底部的圆底形态，在这一点进入的投资者都可以享受不错的利润。

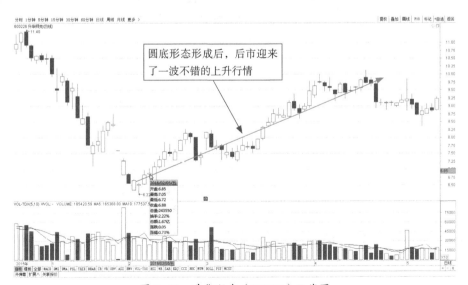

图 8-35 升华拜克（600226）K 线图

8.3.2　双底

双底又称为 W 底，一般在股价下跌低位出现的频率比较高，其走势大致形成字母 W 形，是一个后市看涨的见底反转形态，如图 8-36 所示。

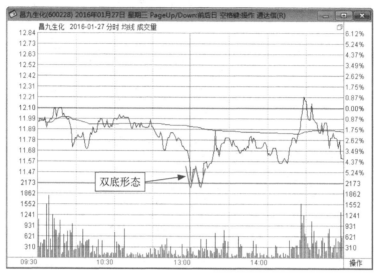

图 8-36　双底反转形态

双底形态的分析要点如下。

- 要点 1：双底形态的低点通常在同一水平线，其连线称为支撑线，股价第一次冲高回落后的顶点称为颈部，当股价放量突破颈线时，行情可能见底回升，如图 8-37 所示。

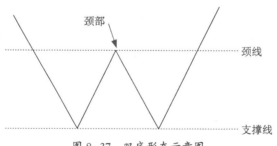

图 8-37　双底形态示意图

- 要点 2：双底形态形成之后，股价有可能出现回落的行情，股价最终会在颈部附近价格止跌企稳，后市看涨，投资者可以在第二次突破回落止跌后进入，如图 8-38 所示。

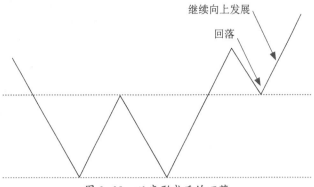

图 8-38　双底形成后的回落

- 要点 3：在实际操作中存在着双底形态两个低点之间的距离不对称的情况，通常，左底成交量大于右底，突破颈线若伴随放量，则上涨信号比较明确，如图 8-39 所示。

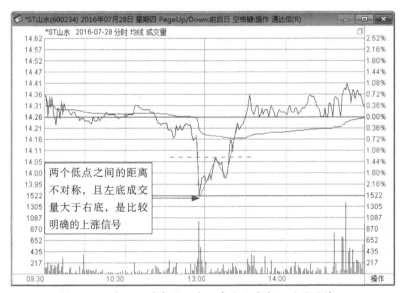

图 8-39　实际操作中的双底经常出现底部不对称的情况

- 要点 4：双底形态在底部构筑的时间越长，其产生的回升效果就越持久。完整形态的双底构筑时间至少需要一个月左右，过短的时间间隔可能是主力设置的技术陷阱。

下面举例分析双底形态的盘面。

图 8-40 为民丰特纸（600235）2016 年 3 月至 5 月的 K 线走势图，从图中可以看到，股价前期经历了一波小幅上涨，见顶后快速回落。

图 8-40   民丰特纸（600235）K 线图（1）

图 8-41 为民丰特纸（600235）2016 年 5 月 13 日的分时图，从图中可以看到，早盘开盘后便出现了一个不规则的双底形态，而且此后每次拉升都随之放量，说明股价已经见底，短线投资者可以在当天的低位进入。

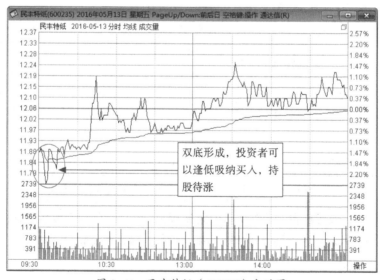

图 8-41   民丰特纸（600235）分时图

果然，在 K 线图中可以看到，该股出现双底形态的前一天已经见底，此后股价突破双底颈线后逐步上升，后市进入一轮上涨行情，如图 8-42 所示。

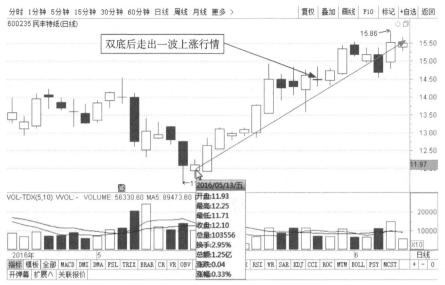

图 8-42　民丰特纸（600235）K 线图（2）

8.3.3　头肩底

头肩底也称为三重底，它可以说是双底形态的复合形态，该形态一般出现在股价下跌的低位，如图 8-43 所示。

图 8-43　头肩底反转形态

图 8-44 为标准的头肩底反转形态，它由左肩、头部、右肩三部分组合而成，此时，颈线所在位置充当了整个头肩底反转形态的阻力位。

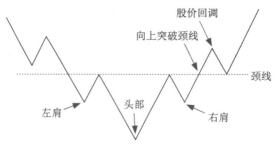

图 8-44　标准的头肩底反转形态

- 左肩：股价下跌到低位后反弹形成左肩。
- 头部：随后股价反弹遇到颈线受阻，回落创新低后，再反弹形成头部。
- 右肩：当股价上涨到上次反弹高位附近（即颈线位置）时，在此受阻回落，并在第一次股价下跌低位附近止跌企稳，后市股价上涨突破阻力线（颈线）形成完整的头肩底反转形态。

头肩底反转形态的分析要点如下。

- 要点 1：如果股价在右肩位置向上突破颈线或者突破后的拉升阶段时，伴随有成交量的放量，说明后市看好，投资者可以顺势进入，如图 8-45 所示。

图 8-45　头肩底形态走势分析（1）

- 要点 2：如果股价在向上突破颈线后出现短暂回调，只要再次在颈线位置再次获得支撑，并企稳回升，那么此时也是投资者进入的好时机，如图 8-46 所示。

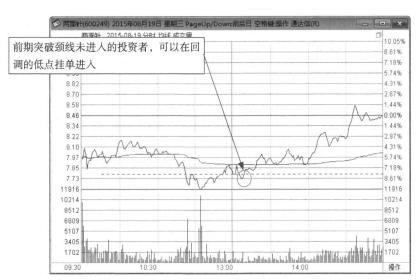

图 8-46　头肩底形态走势分析（2）

- 要点 3：如果股价在向上突破颈线后出现短暂回调，且回调的价格再次跌破颈线，并跌到头部以下的位置，此时形成的头肩底形态是无效的，不能根据头肩底来预测行情走势。

下面举例分析头肩底形态的盘面。

图 8-47 为凯乐科技（600260）2015 年 11 月至 2016 年 4 月的 K 线走势图，从图中可以看到，股价前期见顶后快速回落，然后进入了较长的底部横盘走势，且无明显的运行方向。

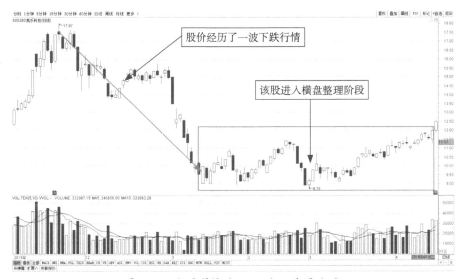

图 8-47　凯乐科技（600260）K 线图（1）

图 8-48 为凯乐科技（600260）2016 年 4 月 14 日的分时图，从图中可以看到，早盘开盘后股价随着成交量的放大出现了较大的振幅，出现了多次下跌后反弹的行情，可见多空双方在其中进行了激烈的斗争，并在底部形成明显的头肩底反转形态，同时在后期拉升时成交量进一步放大，从而可以确定颈线位置的有效突破。

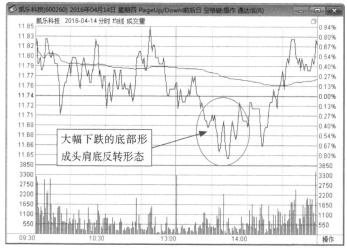

图 8-48　凯乐科技（600260）分时图（1）

随后，该股正式步入上升行情，从最低的 8.75 元上涨到最高的 18.16 元，如图 8-49 所示。

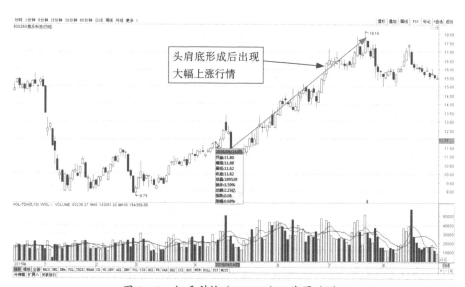

图 8-49　凯乐科技（600260）K 线图（2）

8.3.4 V字尖底

尖底形态又称为V形反转，当股价大幅下跌后，突然触底止跌步入上涨行情，底部为尖底，就像英文字母V，后市看涨，如图8-50所示。

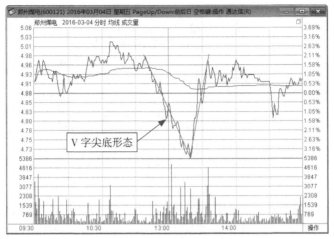

图8-50 尖底反转形态

图8-51为尖底反转形态的示意图。由于尖底形态具有一定的偶然性，因此在分时图中不太容易把握，尤其是在股价大幅下跌后期，或者下跌后出现急速下跌行情时，此时投资者最好不要轻易抛售。

图8-51 尖底反转形态示意图

尖底反转形态的分析要点如下。

- 要点1：在实战过程中，尖底反转形态形成之后，股价很可能会横盘整理一段时间，这是因为空方不甘心，在做最后的"垂死挣扎"，当空方完全失败后，股价才会继续上升，如图8-52所示。

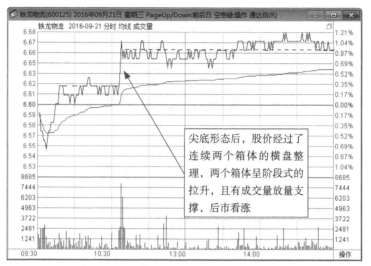

尖底形态后，股价经过了连续两个箱体的横盘整理，两个箱体呈阶段式的拉升，且有成交量放量支撑，后市看涨

图 8-52　尖底反转后可能会出现横向波动

- 要点 2：如果投资者等尖底形态形成后再追进，此时股价已经上涨不少了，这样获利虽然少一些，但风险也会更小一些，同时投资者可以利用上涨过程中的回调低点进入，如图 8-53 所示。

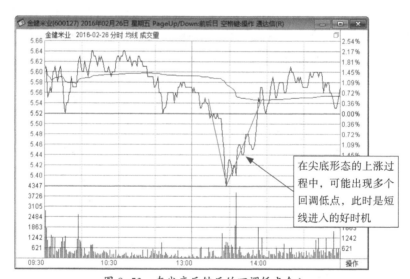

在尖底形态的上涨过程中，可能出现多个回调低点，此时是短线进入的好时机

图 8-53　在尖底反转后的回调低点介入

- 要点 3：当尖底反转形态形成后，如果股价在高于前期高点的位置横向整理，说明主力的参与能力非常强，后市具有很强的上涨动力，如图 8-54 所示。

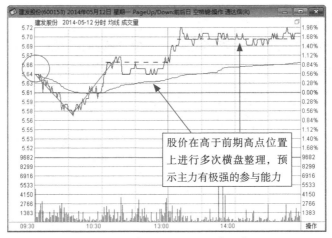

图 8-54　尖底反转后的主力参与表现

- 要点 4：当尖底反转形态形成后，如果股价在前期高点的位置附近上下波动，则表示股价向上的动力相对较弱。而且横盘整理的时间越长，股价上涨的动力也就越弱。

下面举例分析尖底形态的盘面。

图 8-55 为金种子酒（600199）2015 年 12 月至 2016 年 4 月的 K 线走势图，从图中可以看到，股价经历了一波深幅下跌行情。

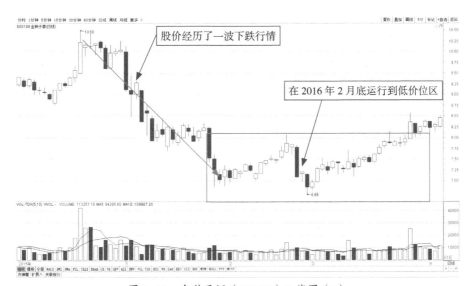

图 8-55　金种子酒（600199）K 线图（1）

图 8-56 为金种子酒（600199）2016 年 2 月 17 日的分时图，从图中可以看到，股价从高位回落后，一直跌到最低价附近才开始反弹，并形成尖底形态，而且反弹到均

价线附近后又经历了一段时间的横盘，之后才放量大幅拉升。

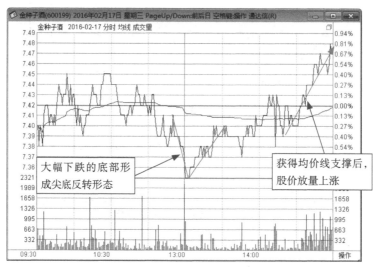

图 8-56　金种子酒（600199）分时图

随后，股价依托 5 日均线逐步攀升，走出一波较大涨幅的行情，如图 8-57 所示。

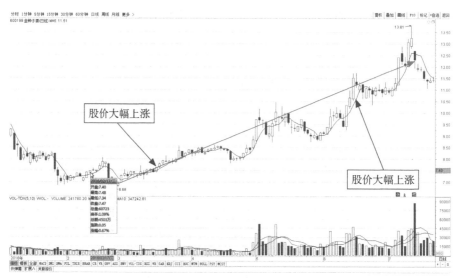

图 8-57　金种子酒（600199）K 线图（2）

第9章
分时图上的 卖出形态

学前提示

投资者想要在股市中获利，不仅需要知道何时买入，还需要知道何时卖出，而且知道何时卖比知道何时买更加重要。很多投资者获得了巨额利润后，不知道在何处离场，而且在最终股价转入下跌行情时还没有反应过来，则原有的利润也会荡然无存。

在分时图中，投资者不仅可以发现买入的时机，还可以发现卖出的时机，从而保住胜利的果实。

要点展示

>>> 从均价线寻找卖出形态
>>> 从成交量寻找卖出形态
>>> 分时图顶部卖出形态

9.1 从均价线寻找卖出形态

在分时图中，均价线具有很强的趋势性，通常均价线向右上方运行，表示股价会上涨，均价线向右下方运行，表示股价会下跌，如图 9-1 所示。在实战操作中，投资者可以从均价线寻找卖出形态。

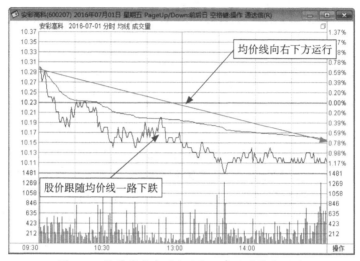

图 9-1 均价线向右下方运行，表示股价会下跌

9.1.1 均价线之上的卖出形态

股价运行在均价线的上方，与均价线保持同步上升的情况下，通常是市场走势良好的表示，此时不建议投资者卖出股票。当然，对于超短线投资者来说，这种形态也有一些较好的短线卖点，如图 9-2 所示。

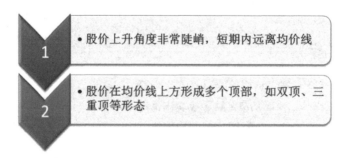

图 9-2 均价线之上的卖点分析

下面举例分析均价线之上的卖出形态。

图9-3为罗顿发展（600209）2015年9月29日的分时走势图。从图中可以看到，股价快速上冲至①位置处，已经远远偏离均价线，价格高点与均价线相去甚远。通常情况下，①位置处便是均价线之上较好的短线卖点。

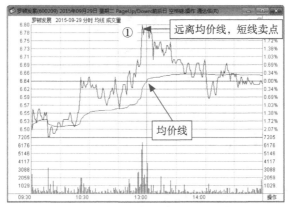

图9-3 均价线之上的卖点（1）

图9-4为罗顿发展（600209）2015年12月16日的分时走势图。从图中可以看到，股价远离均价线上涨到①位置处后，经过短暂回调再次冲至②点重新回落，①与②两个高点形成明显的双顶，此时②位置处也是均价线之上较好的短线卖点。

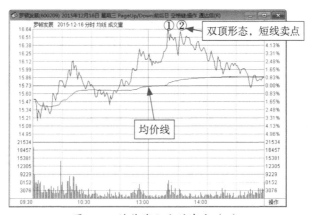

图9-4 均价线之上的卖点（2）

图9-5为罗顿发展（600209）2015年8月11日的分时走势图。从图中可以看到，股价横盘后快速上冲至顶点①，向下跌破均价线后再次向上发起第二次冲击，上冲至顶点②后又重新回落，顶点①与顶点②形成一种衍变的双顶，通常顶点②也是均价线之上较好的卖出点。

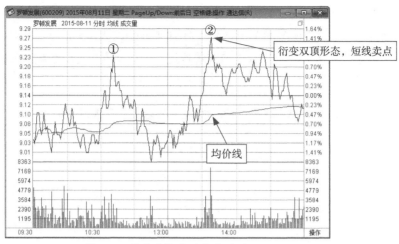

图 9-5　均价线之上的卖点（3）

9.1.2　均价线之下的卖出形态

在熊市行情下，如果投资者没有来得及在均价线上方卖出，则只能寻找均价线之下的卖出点。此时，股价通常会反弹到均价线附近进行突破，来确认均价线是否已经成为压力线，一旦下跌行情形成，股价无法突破均价线时，就会在此形成一个短期卖点，如图 9-6 所示。

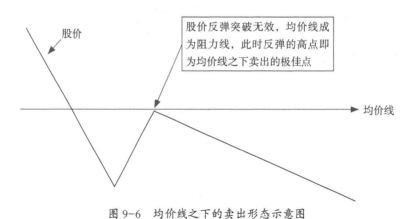

图 9-6　均价线之下的卖出形态示意图

下面举例分析均价线之下的卖出形态。

图 9-7 为浙江医药（600216）2015 年 12 月 31 日的分时走势图。从图中可以看到，股价快速开盘后虽然有小幅拉升，但好景不长，股价短暂上冲后波动下跌，跌破均价线后出现了反弹，但均无法触碰到均价线，形成了一些均价线之下的顶点，如顶点①、

这就是短线卖出的机会。

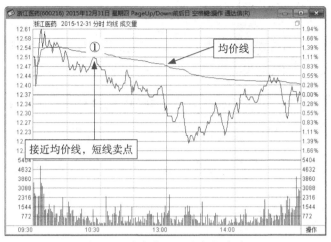

图9-7 均价线之下的卖点（1）

图9-8为昌九生化（600228）2015年7月6日的分时走势图。从图中可以看到，股价开盘后便快速下跌，在盘中出现了小幅的放量拉升，出现顶点①，此后便基本下落到跌停板上，此时顶点①就是短线投资者当天最后的逃离机会。

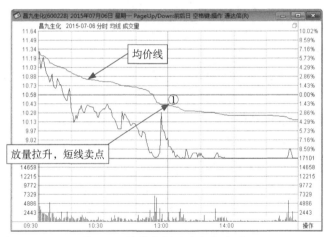

图9-8 均价线之下的卖点（2）

9.1.3 缠绕均价线的卖出形态

当股价在下跌过程中，股价缠绕均价线运行，但在反弹至均价线附近时受到压制后再次回落，此处发出卖出信号，显示市场弱势，若出现在股价顶部区域，卖出信号较为强烈。

下面举例分析缠绕均价线的卖出形态。

图 9-9 为东方航空（600115）2016 年 8 月 22 日的分时图。从图中可以看到，该股早盘即开始回落，随后缠绕均价线运行，虽然股价有所反弹，但遭到均价线的阻挡，而且未能有所突破，由此发出卖出信号，后市股价持续低迷。

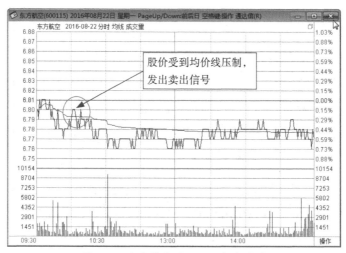

图 9-9　东方航空（600115）分时图

专家提醒

均价线挡道是指股价上升到均价线附近或短暂上穿均价线后，就回头下行的走势，其特征如下。

均价线应一直处在股价线之上，且呈水平状态横向移动。

分时线绝大数情况下处在均价线之下，一般不向上突破均价线，即使突破，停留的时间也很短，突破的幅度也不会很大，并且很快回到均价线的下方。

分时线受到均价线的阻挡前，须与均价线有一段较长的距离，如果两线始终靠得很近，就不是均价线挡道，更不能按均价线挡道操作。

投资者需要注意均价线挡道形态出现的价位，只有处在高价位的均价线挡道才可卖出，如果是处在调整后的低位，最好不要卖出，而是持股待涨。

该股 K 线走势如图 9-10 所示，从图中可以看到，8 月 22 日分时图中出现均价线挡道的缠绕运行形态，说明股价上涨动力不足，做多动能已经衰竭，后市股价迎来持续的下跌行情，投资者应在压制处及时卖出。

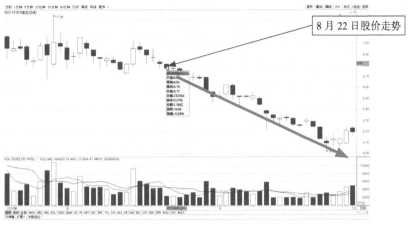

图 9-10　东方航空（600115）K 线图

9.1.4　不突破均价线的卖出形态

还有一种比较常见的股价缠绕均价线情况，那就是股价在离均价线较近的地方进行长时间的横向整理，不能有效突破均价线，然后突然向下跌破平台的走势，也值得投资者注意。

下面举例分析股价不突破均价线的卖出形态。

图 9-11 为江苏吴中（600200）2015 年 11 月 23 日的分时图。从图中可以看到，该股股价呈现小幅下挫的走势，但是在距离均价线不远的位置反复震荡，即缠绕均价线横向运行，随后股价大幅下跌，并伴随成交量的放大，股票跌破前期构筑的平台时就是投资者出局的时候。

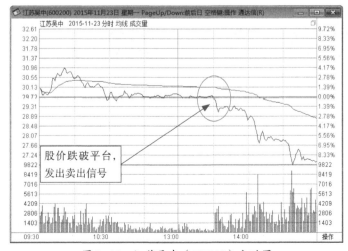

图 9-11　江苏吴中（600200）分时图

该股K线走势如图9-12所示，从图中可以看到，11月23日分时图中出现股价跌破平台的现象，由于股价已经处于顶部，多方已无力再次发动攻击，只得缴械投降，投资者应及时卖出。后市股价开始下跌，若该信号出现在下跌过程中，则同样说明此问题。

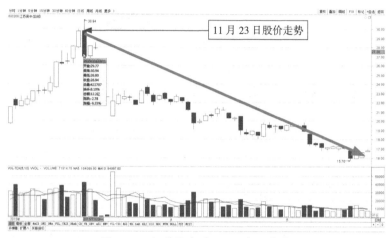

图9-12　江苏吴中（600200）K线图

跌破平台卖出点的特征如下。

- 跌破前，一定要出现一段横盘走势，形成一个明显的平台。
- 分时线（即价格线）跌破前期平台的低点后，多数情况下，会在短时间内又反弹到平台的低点附近，然后再次跌破平台的低点，此时就可确认跌破平台形态的形成，是最佳的卖点。

投资者需要注意以下情况。

（1）要把握跌破平台的卖出时机：最好在第一个跌破平台卖出，第二个次之，因为跌幅较大。

（2）应考虑跌破平台的位置：如果平台是在低位，就不应该卖出，反而在破位时买进，第二个交易日选个高点卖出。

9.1.5　下穿均价线的卖出形态

下穿均价线是指本来股价在均价线上面运行，在该日收盘收在均价线下，即从上向下穿过均价线，如图9-13所示。股价下穿均价线之后，如果反弹受阻于均价线，则是由强转弱的表现，说明市场开始由多转空，短线投资者近期可以减持股票。

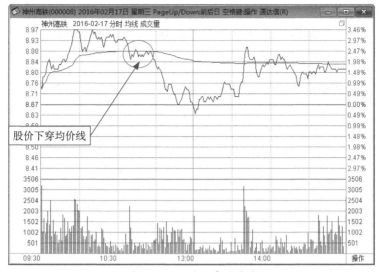

图 9-13 股价下穿均价线

9.2 从成交量寻找卖出形态

虽然说成交量不一定真实，但仍是最客观、最直接的市场要素之一。因此成交量形态变化对行情研判也具有非常大的参考价值，短线投资者可以从分时图的成交量中寻找卖出形态。

9.2.1 放量下跌

股价下跌时，成交量的走势通常出现在下跌的初期位置，它是指成交量首次放大，而股价在下跌，表示大盘抛盘已经出现，将价格大幅打低，而且此时股价的下跌并不是短暂性的，成交量的明显增大说明股价在后期有可能继续下跌。

当股价呈现下跌走势时，成交量如果出现放量特点，则后市下跌的可能性更大，因为成交量持续增大，说明场中做空的资金已越来越多，因此市场很有可能已经转变方向。

下面举例分析股价放量下跌的卖出点。

图 9-14 为中国高科（600730）2016 年 4 月 1 日的分时图。从图中可以看到，该股股价在早盘小幅冲高后，便开始迅速回落，而且成交量明显增大，股价在成交量增大的配合下，轻而易举地向下击穿了均价线，说明空头已经占上风，场中的投资者应及时出场。

　　该股 K 线走势如图 9-15 所示，该股前期经历了一波强势拉升，见顶 17.77 元，见顶后的第 2 天即 4 月 1 日，分时图中出现股价放量下跌，发出卖出信号，后市股价大幅回落，投资者应及时出局。

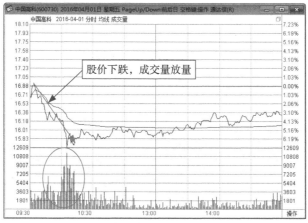

图 9-14　中国高科（600730）分时图

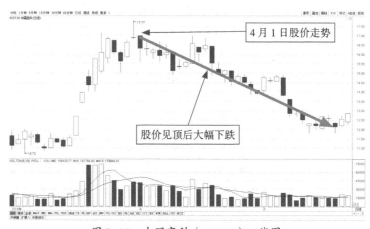

图 9-15　中国高科（600730）K 线图

专家提醒

　　如果投资者在首次放量下跌时卖出手中的股票，则往往可以在市场的较高价位卖出。如果投资者没有及时离场，则可以寻找补救机会：股价出现首次放量下跌后，便会出现反弹的走势，但此次反弹一般成交量会比较低迷，也就是说没有充裕的资金来支持股价上涨，此后会继续下跌，成交量也会出现二次放大，此时投资者应抓住机会赶快出场。

9.2.2 突放阴量

阴量是指股价下跌过程中的成交量，往往出现在调整或下跌行情中，预示着空方力量强，即卖盘大。下面举例分析突放阴量的卖出形态。

图 9-16 为海南海利（600731）2016 年 1 月 4 日的分时图。从图中可以看到，该股当天严重下跌，跌幅达到 10.03%，成交量突放巨阴量。

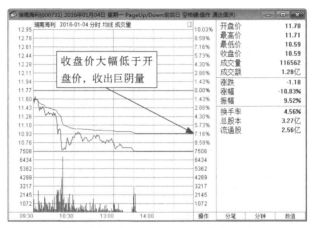

图 9-16　海南海利（600731）分时图

该股 K 线走势如图 9-17 所示，从图中可以看到，1 月 4 日分时图中出现突放阴量的现象，主要是主力在高位借助盘整形态趁机出货，一旦主力出货完毕，行情就会逆转步入下跌行情。

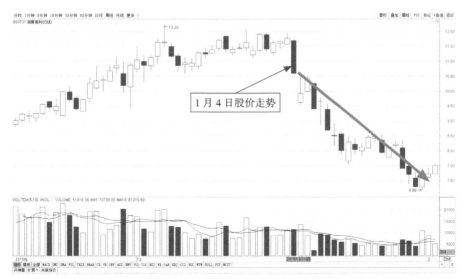

图 9-17　海南海利（600731）K 线图

9.2.3 量升价滞

在行情末期出现量升价滞，很可能意味着主力在大举出货，是趋势即将发生反转的信号，投资者应当引起警惕，如图9-18所示。

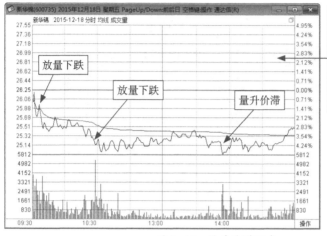

图9-18　量升价滞形态

9.2.4 短暂上冲放量

当股价整体位于下跌状态时，在某个时间段它的买入量突然放大，下跌过程中出现短暂上冲放量形态，如图9-19所示。这种现象说明多方正在奋力一击，以期通过这一击，提高投资者们看多的信心，使股价得到反转。

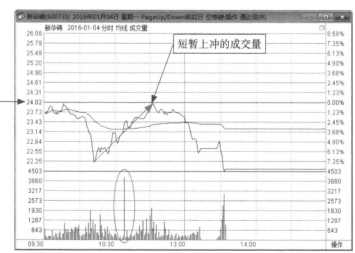

图9-19　短暂上冲放量形态

不过，反转的可能性是比较低的，因为股价本身处于下跌状态，说明市场中主要力量是看空，多方本身的力量蓄积不足，即使多方一时使股价有小型的反转，也难以改变其继续下跌的大势，此时投资者切不可再盲目追高，手中持有股票的投资者也应当趁早了结以避免风险。

9.3 分时图顶部卖出形态

捕捉分时图上的高低点进行操作，一般都是短线或超短线交易行为。短线或超短线操作的投资者，总是有这样的渴求：买入时希望买在相对低点，卖出时希望卖在相对高点，这样才具备短线或超短线操作的价值。而要达到这种效果，就必须具备识别分时图上高低点的基本本领和技艺。

本节主要介绍分时图顶部卖出形态，帮助投资者发现卖出信号，保住利润。

9.3.1 双顶

双顶又称为 M 形顶，是双底的反面形态，股价连续两次上冲高点后都回落了，形成双顶，是典型的卖出形态。若出现在股价顶部，则为明显的卖出信号，如图 9-20 所示。

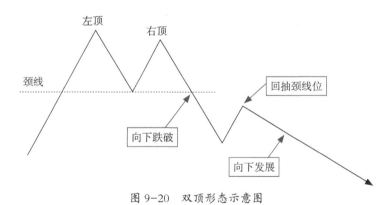

图 9-20 双顶形态示意图

图 9-21 为兰州民百（600738）2015 年 12 月 23 日的分时走势图。从图中可以看到，该股股价开盘后不久便强势上涨，随后回落，股价整理一段时间后继续上冲前高，两次上冲失败回落收盘，股价分时线形成双顶，此形态预示股价即将见顶，投资者可以趁机离场。

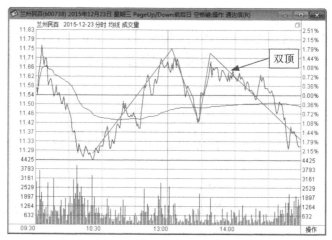

图 9-21　兰州民百（600738）分时图

9.3.2　圆弧顶

圆弧顶反转形态形似圆弧，这种形态较为清晰地勾勒出多空双方力量的转化过程，是短线投资者在分时图中识别趋势反转的重要形态之一。圆弧顶形态多出现在一波缓慢上涨行情之后，空方的抛售力度逐步增强，这使得股价走势呈现出圆弧状的反转过渡，如图 9-22 所示。

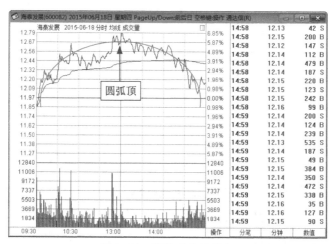

图 9-22　圆弧顶反转形态

投资者要注意及时出击，把握好圆弧顶走势中的卖点。一般来说，如果价格前期累计涨幅较大，且在高位区的一波走势后有明显的滞涨倾向，股价重心开始缓缓下跌时，即可减仓出局。

圆弧顶的形成机理如下。

- 股价在经过一段买方力量强于卖方力量的升势之后，买方趋弱或仅能维持原来的购买力量，使涨势缓和，而卖方力量却不断加强，最后双方力量均衡，此时股价会保持没有下跌的静止状态。

- 当卖方力量超过买方力量时，股价就开始回落，开始只是慢慢改变趋势，跌势并不明显，但后期则由卖方积极参与市场，跌势便告转急，说明一个大跌趋势将来临，未来下跌之势将转急变大。

9.3.3 头肩顶

头肩顶也可以称为三重顶，它可以说是双顶形态的复合形态，比双顶多了一次明显的冲顶过程。头肩顶是在上涨行情接近尾声时的看跌形态，图形以左肩、头部、右肩及颈线构成，如图9-23所示。在头肩顶形成过程中，左肩的成交量最大，头部的成交量略小些，右肩的成交量最小，成交量呈递减现象。

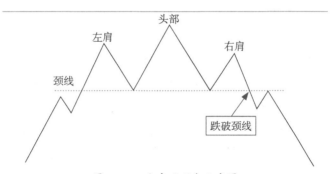

图9-23 头肩顶形态示意图

成交量呈递减现象，说明股价上升时的买方力量越来越弱，上升行情即将到头。一旦出现头肩顶形态，说明股价见顶，投资者应及时出局。

下面举例分析头肩顶转势形态。

图9-24为大名城（600094）2015年12月9日的分时图，股价在高位出现了头肩顶转势形态。在头肩顶转势形态中，在股价没有跌破颈线位之前，颈线的位置对股价形成强力的支撑，而一旦股价跌破头肩顶形态的颈线以后，往往意味着多空平衡被打破，空方开始占据优势，单边式下跌即将开始，投资者就可以在颈线位被跌破的时候及时卖出。

图 9-24　大名城（600094）分时图

9.3.4　尖顶

尖顶形态又称为倒 V 形态，当股价大幅上涨后，突然出现快速下跌的行情，头部为尖顶，就像是倒写的英文字母 V，其示意图如图 9-25 所示。

在实际走势中，出现尖顶反转形态的个股比较常见，对于这类暴涨的个股，投资者

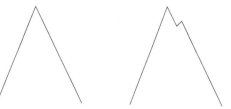

图 9-25　尖顶形态示意图

一旦发现暴涨后出现了快速回调一定要及时清仓止损，否则将会遭受极大的损失。

下面举例分析尖顶反转形态。

图 9-26 为开创国际（600097）2015 年 12 月 22 日的分时图。从图中可以看到，该股股价在开盘后不久就形成了一个明显的倒 V 形转势点，随后股价直接下跌，结束了前期上涨的趋势。

图 9-26　开创国际（600097）分时图

第 10 章
解读主力 分时图盘口

学前提示

　　在股市中，主力有雄厚的资金，因此可以向上大幅度提升股价，如果投资者能够及时识别出主力的意图，则收益颇丰。主力在买卖股票时一般十分隐蔽，但在走势图中仍可看到他们留下的蛛丝马迹，而分时图就是散户识别主力意图的常用工具之一。

要点展示

>>> 识别主力盘面
>>> 主力操盘常用的操作手法

10.1 识别主力盘面

通过识别主力来分析个股未来的行情变化，散户投资者正确识别主力股后便可跟着主力买卖股票，从而成为股市上的赢家。

10.1.1 认识主力的概念和类型

主力相对市场中的散户而存在，在市场竞局中处在绝对的优势。主力本为一个中性词，其本身没有褒义、贬义之分。就实力而言，主力的资金雄厚，基本可以积极参与一段时期股价走势，而且同上市公司关系匪浅。

主力到现在还没有一个明确的概念，如果给其下一个明确的定义，可以这样描绘：主力以在市场中获取最大利润为目的，其拥有资金、信息、技术、人才等优势，以各种不同的方式和手段，是有目的、有计划、有组织地在某一个特定的环境中参与某类股票的股价走势的团体或组织。主力的特点如图 10-1 所示。

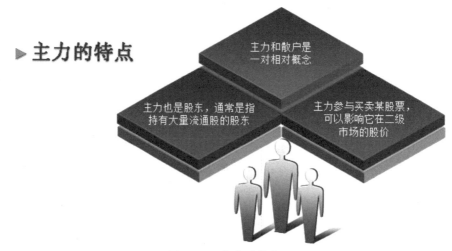

图 10-1 主力的特点

从主力参与买卖股票的时间长短划分，可以将主力分为短线主力、中线主力和长线主力，如表 10-1 所示。

表 10-1 根据主力参与买卖股票的时间划分主力类别

主力分类	特点分析
短线主力	短线主力运作周期仅几个月、数周,甚至几天的时间;重势不重价,不强求持仓量,个股持仓量较少;上市公司基本面较一般;时间、仓位不定。短线主力喜欢速战速决,股价在短期内爆发力度极为强大
中线主力	中线主力运作时间通常为 6 ~ 12 个月,控盘程度通常为 30% ~ 50%,建仓时间通常为 1 ~ 2 个月。主力借助大盘的某次中级行情,或借助大盘或个股利好拉高,通过板块联动节约成本,短时期内完成出货
长线主力	长线主力的运作周期最少在 1 年以上,大多在 2 年以上,股价上涨幅度不少于 1 倍。大牛股数 10 倍以上,参与程度在 60% ~ 80%,走势特征有明显的主力参与阶段。长线主力的实力雄厚,宏观面、政策面、个股基本面都能把握较好

总体来说,控股股东、上市公司高管和游资是短线主力的代表,而券商、公募和私募基金是中线主力的代表,社保基金和保险资金则是长线主力的代表。

10.1.2 了解主力的操盘步骤

由于主力是大户投资者,他们为了达到盈利的目的,会通过操盘的手法来影响股价的涨跌,主力操盘惯用的操作手法主要包括 4 个阶段,分别是建仓、整理、拉升、出货,如图 10-2 所示。

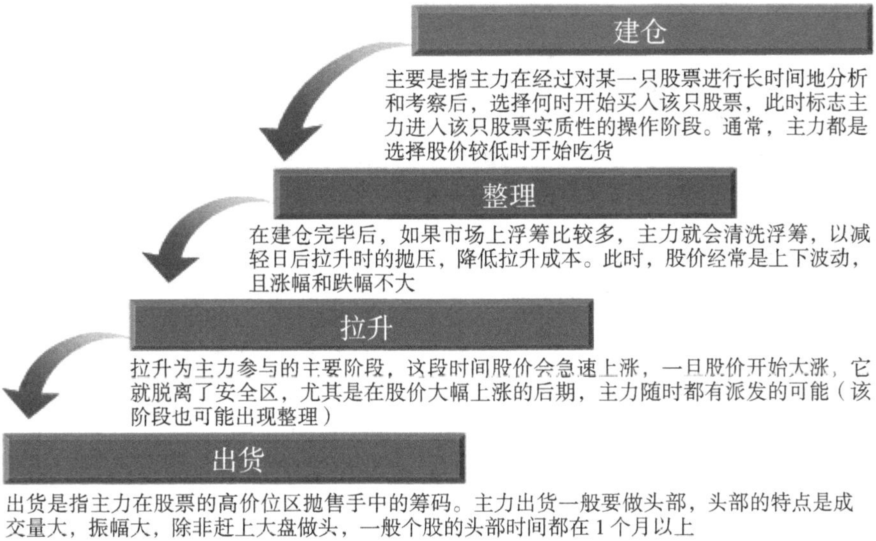

建仓

主要是指主力在经过对某一只股票进行长时间地分析和考察后,选择何时开始买入该只股票,此时标志主力进入该只股票实质性的操作阶段。通常,主力都是选择股价较低时开始吃货

整理

在建仓完毕后,如果市场上浮筹比较多,主力就会清洗浮筹,以减轻日后拉升时的抛压,降低拉升成本。此时,股价经常是上下波动,且涨幅和跌幅不大

拉升

拉升为主力参与的主要阶段,这段时间股价会急速上涨,一旦股价开始大涨,它就脱离了安全区,尤其是在股价大幅上涨的后期,主力随时都有派发的可能(该阶段也可能出现整理)

出货

出货是指主力在股票的高价位区抛售手中的筹码。主力出货一般要做头部,头部的特点是成交量大,振幅大,除非赶上大盘做头,一般个股的头部时间都在 1 个月以上

图 10-2 主力的操盘步骤

10.1.3　主力的构成与其外部联系

　　要了解主力参与的整个流程，就必须先清楚主力的人员组成。主力是一个严密的、有多个成员且分工明确的组织，了解主力的构成是识破主力伪装的重要手段。

　　一般来说，不同类型的主力，如基金主力、券商主力或是上市公司主力、私募等，其人员分工差异很大。常见的可以分为4种：管理人员、调研人员、公关人员、调资员，如图10-3所示。

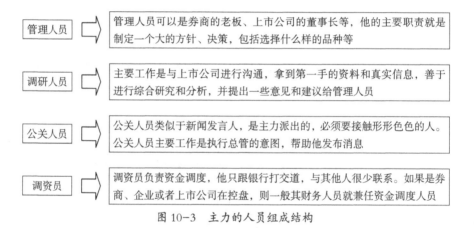

图10-3　主力的人员组成结构

10.2　主力操盘常用的操作手法

　　由于主力拥有散户投资者所不具备的优势，因此可以影响股市的行情。作为散户，在这个高风险的股票市场中，应当有自己的杀手锏来对付主力的各种手法。兵法曰："知己知彼，百战不殆。"本节将重点介绍主力参与的关键买卖方式，帮助散户学会利用分时图这个工具了解主力的动向，提高散户跟着主力操作的技巧。

10.2.1　主力建仓分时图盘面分析

主力在控盘前会在股价的低位大量吸筹建仓，而成本的高低是主力最终获利多少的决定因素。因此，主力总是会想尽一切可能的办法来降低持仓成本。

1. 急跌缓升建仓盘面

主力采用急跌缓升建仓手法一般出现在市场的底部，此时股价往往已经历了深幅的下跌空间，因此此时的买入数量较少，交易非常冷静。此时主力往往不会向上拉升来建仓，但会用手中的少量筹码来打低股价，这样既不会引起散户的注意，也可以在低价位吸纳更多的筹码。

下面举例分析急跌缓升建仓盘面。

图 10-4 为桂东电力（600310）2016 年 6 月 20 日的分时图。从图中可以看到，该股股价在早盘时小幅冲高后便快速深幅下滑直至跌停板。此后股价每次上扬时都显得力不从心，成交量在股价缓慢上升时是温和放大的。

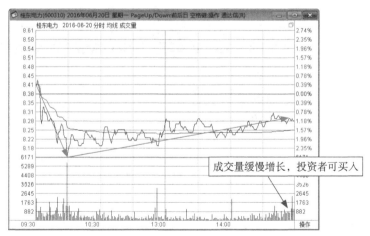

图 10-4　桂东电力（600310）分时图

这就是主力在市场底部缓慢建仓的一种常见走势，在这一天没有来得及下单的投资者也可以在随后的回落过程中逢低吸纳，如图 10-5 所示。

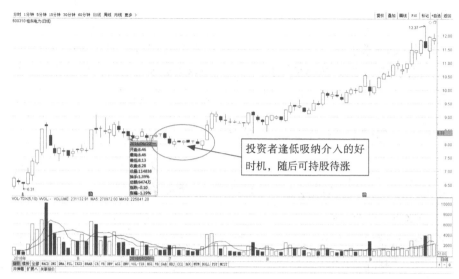

图 10-5　桂东电力（600310）K 线图

急跌缓升建仓盘面在分时图中的表现为下跌比较迅猛，而拉升比较缓慢，而且在下跌时成交量出现萎缩的迹象，股价在上升时有温和放量的配合。实际上，这是主力刻意制造的走势，这样既可以隐蔽地进行建仓活动，又可以避免更多的散户进场与主力共享利润。

2. 横盘整理建仓盘面

主力通过横盘整理建仓的盘面如图 10-6 所示。

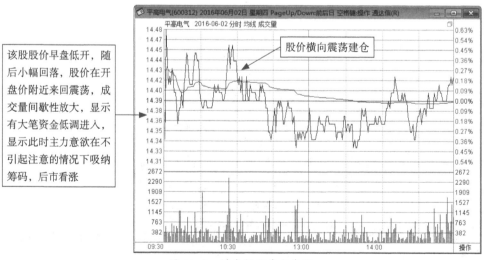

图 10-6　横盘整理建仓盘面

股价经过一轮大幅下跌后进入底部区域，并在此长时间徘徊窄幅震荡，主力趁机在底部区域悄悄吸筹，从而达到建仓目的。

3. 急速上冲建仓盘面

有的主力在建仓时采用快速拉升股价的方式，尽管此时股价大幅上涨主力收集筹码的成本较高，但短线投资者在获得一定利润后会抛售手中的筹码，因此主力可以快速收集到相当数量的筹码。

主力通过急速上冲建仓手法的盘面如图 10-7 所示。该股在开盘后便快速上冲，然后在高位维持震荡。而在尾盘，股价在均价线上方再次上冲，呈现稳定向上拉升的走势。成交量在整体的运行过程中都伴随着股价出现明显的增大迹象。

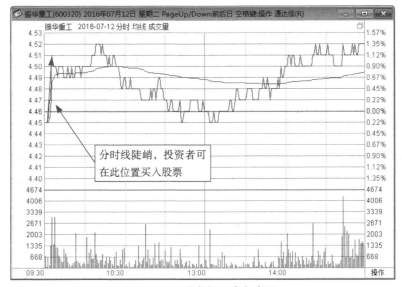

图 10-7　横盘整理建仓盘面

在分时图中，股价快速冲高，中间不会有明显的大幅度回调，而且股价全天在拉升后都会在高位运行，成交量在整体的拉升过程中也会出现明显的增长。

4. 逐步拉高建仓盘面

有时，主力因为时间短促或者实力雄厚，采取了直接拉高建仓的手法，此时分时图则多表现为逐步上升态势，随股价一并向上。

下面举例分析逐步拉高建仓盘面。

图 10-8 为长春燃气（600333）2016 年 2 月 16 日的分时图。该股低开后迅速上扬，经过一段时间的横盘整理后继续拉高收盘，当日涨幅达 5.20%，这可能是主力利用拉高接手获利出逃筹码的现象。

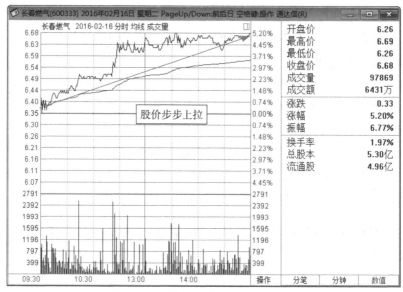

图 10-8　长春燃气（600333）分时图

　　该股 K 线走势如图 10-9 所示，为长春燃气（600333）2016 年 1 月至 7 月的 K 线走势图，从图中可以看到，待主力建仓完毕，后市股价展开了大幅拉升。该股前期一直处于稳步上行的态势之中，这样的小幅上涨走势恰好是主力建仓的好时机，一方面小幅上涨不会引起大量场外的跟风盘进入，另一方面股价小幅上涨可以避免抬高建仓成本。

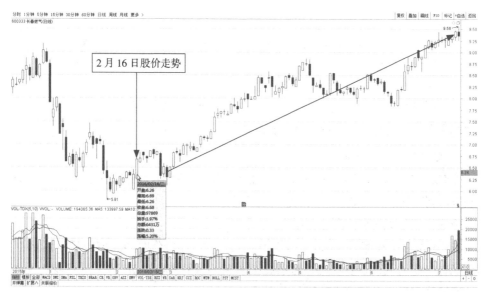

图 10-9　长春燃气（600333）K 线图

5. 急升缓跌建仓盘面

在市场底部时，当分时线出现急升缓跌的走势，说明主力在此快速拉升股价，随后便让股价自由波动，这样一些短线投资者看到股价下跌，就会纷纷抛出股票。而这些被抛出的筹码都会被主力吸纳，因此主力尽管拉升股价的同时也会出售手中的一些筹码，但是总体上平均的拉升成本依然位于市场的最低价附近。

主力通过急升缓跌建仓手法的盘面如图 10-10 所示。该股在开盘后横盘了一小段时间，在午盘前迅速上冲，最高点达到涨停板位置，分时线非常陡峭，而股价向下滑落时，不仅分时线比较平缓，而且下跌的幅度远远小于上涨时的幅度，这正是因为主力拉升股价进行吸筹的原因导致的，投资者可以进场买入。

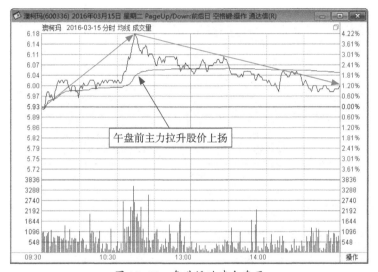

图 10-10　急升缓跌建仓盘面

在急升缓跌建仓盘面中，股价往往会呈现急速上升而缓慢下跌的走势，而且股价在拉升时成交量是增大的，下跌时成交量相对萎缩。

专家提醒

主力一般都会选那些久久地在低位横盘，每日成交量如豆粒状的个股。这样的个股，散户都不太注意，或者视为鸡肋，但是正是这类股票，一旦被炒醒，不用扬鞭自奋蹄，便会势如破竹，价格会快速飙升。

主力用资金决定着某股是否有行情，以及行情的大小。因此，散户选股时不能单从个人喜好出发，而应首先看看主力喜欢什么样的股票，买入有实力的主力进入的股票。

6. 缓慢下跌建仓盘面

缓慢下跌建仓就是主力在大量抛盘涌出时大笔吸筹，利用股价的下跌走势悄悄建仓，这一时期的分时线多表现为下滑态势，并在盘中有小幅放量。图10-11为西藏珠峰（600338）的分时图，该股开盘后小幅拉升但马上遭到空方打低股价，随后股价缓缓下行，在午盘成交量放大，显示在此有大量筹码换手，可能是主力在接盘，随后股价持平收盘。

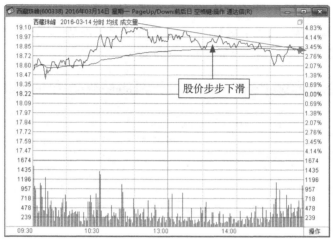

图10-11　缓慢下跌建仓盘面

专家提醒

主力通常会研究参与对象，等待最佳时机介入股市。在主力看来，摸准行情配合大盘参与比控制行情更重要。主力在选择进场时机时，主要考虑以下三个因素。

（1）考察国民经济状况。好的经济环境能够鼓舞市场参与者的信心，吸引更多的投资者进入市场，活跃股市，这有利于主力的买卖行为。

（2）借助中期上涨大势。如果在大行情之前没有动手，主力会在大势中途借助于上涨之中的调整及时进入。

（3）上市公司的利空消息。主力会别有用心地夸大各种消息、题材，渲染效果，让散户们恐慌性地抛售，达到借助利空打低股价吸筹和借助利多拉高出货的目的。

10.2.2　主力整理分时图盘面分析

在主力参与的过程中，一定会涉及整理的环节。所谓整理，就是主力要在股票买卖的过程中清除跟风买入的散户，但是由于不同的时期和不同的操盘风格，其方式也不尽相同，在分时图中呈现的走势也就不一样。

1. 打低股价式整理的盘面

打低股价式整理是常见的整理方式，主力挂出卖单影响不稳定筹码抛盘并一一接纳，此时的分时图往往出现盘中大跌的状况，在下跌后又被拉起，形成震荡走势。

下面举例分析打低股价式整理的盘面。

图 10-12 为红星发展（600367）2016 年 5 月 6 日的分时图。从图中可以看到，该股当天小幅高开后股价开始大幅下滑，主力利用股价下滑影响用户情绪，以完成整理动作。

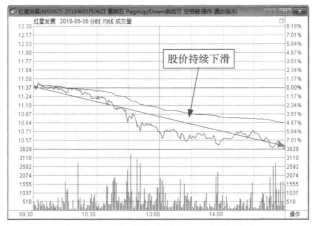

图 10-12　红星发展（600367）分时图

专家提醒

主力通过打低股价的方式进行整理，即通过抛售手中的部分筹码，使得股价有些许或大幅的下挫，投资者产生恐慌的情绪，纷纷抛售手中的股票。此时主力不仅可以吸纳散户卖出的股票，还可以达到整理的目的。

该股 K 线走势如图 10-13 所示，从图中可以看到，该股前期处于持续上涨行情中，随后主力展开打低股价式整理，致使股价出现下跌，主力顺利清洗出浮筹，整理结束后股价继续上拉。

2. 横盘式整理的盘面

一般来说，如果主力采用横盘式整理的方式，则分时图中的分时线波动会比较小，也就是说在几个交易日内，主力不会让股价大幅波动。这样，意志不坚定的投资者看到股价迟迟没有上涨，必定会产生急于出场的心理，甚至会害怕主力已经开始出货，股价在后市会大幅下跌，因此就会有很大一部分投资者提前离场，而主力也就达到了清除散户出场的目的。

图 10-13　红星发展（600367）K 线图

下面举例分析横盘式整理的盘面。

图 10-14 为广东明珠（600382）2016 年 5 月 24 日的分时走势图。从图中可以看到，分时线在均价线上方小幅震荡，主力不会让股价大幅跳水，也不会让股价大幅上扬，这样慢慢地消磨投资者的耐心，使更多的散户快速离场。

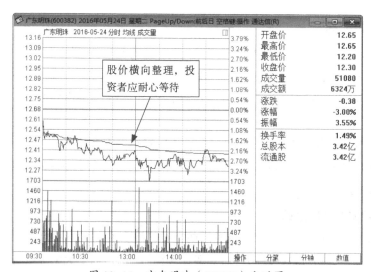

图 10-14　广东明珠（600382）分时图

其实，主力建仓的过程就是一个筹码换手的过程。在这个过程中，主力为买方，散户为卖方。只有在低位充分完成了筹码换手，吸筹阶段才会结束，发动上攻行情的条件才趋于成熟。主力的吸筹区域就是其持有股票的成本区域。

在上市公司披露的信息中，通常都会将股东的持股情况公布出来，这个数据的变动情况也可以作为分析主力进场的一个很巧妙的指标。股东人数的大幅度减少意味着二级市场上流通筹码的集中，股东人数越少，股东平均持股量越多，意味着筹码集中的程度越高，则主力入驻的可能性就越大。

该股K线走势如图10-15所示，从图中可以看到，该股前期处于稳步上升的态势中，股价走出多根阳线和阴星，总体走势十分稳定。5月，主力依然贯彻稳中求胜的原则，采用了横盘式整理这样的温和整理手法。

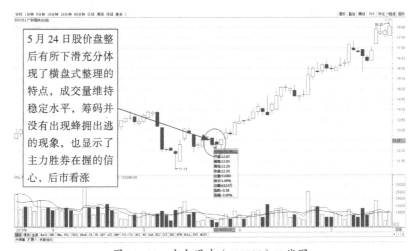

图 10-15　广东明珠（600382）K线图

横盘式整理未采用打低股价的方式，手法更加温和，将股价控制在一定价位以消磨不坚定散户的意志，从而清洗浮筹。此时的分时图多表现为下跌后短暂横盘。

主力为了既达到整理又不失去手中筹码的目的，就会采取另一种无量整理的方法。无量整理的K线形态是主力在股价下跌的过程中成交量越来越小，与前期的放量相比，当前的量能大幅萎缩，缩量整理在技术形态上很容易区别。此时，投资者在买入的安全性方面也比放量买入的安全性要高得多，因为主力是无法在不断萎缩的成交量中完成出货操作的。

10.2.3 主力拉升分时图盘面分析

在股市中，主力可以通过操盘手段主动拉升股价，而散户只能等待股价上涨。因此，在前期未进入的散户投资者，在这个阶段逢低进入，短期持有也会获利。

一般来讲，主力在盘中拉高股价时往往多采用急速拉高、缓慢拉高、波段拉高和震荡式拉高的手法，但无论其使用何种拉高手法，都必须有量的配合，没有量的配合就无法推动股价的上涨。

1. 快速拉升的盘面

主力快速拉升表现为股价直线迅速拉高，此手法较为干脆利落，分时图也常表现为强势地拉高，或者在一定价位上下震荡，如图10-16所示。

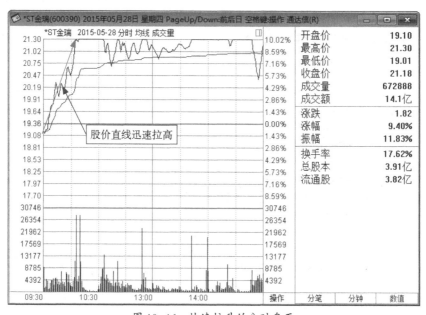

图 10-16　快速拉升的分时盘面

快速拉升在分时图中几乎以直线的形式向上运行，很少出现大幅回调，这样尽管有一定的跟风者入场，但是主力可以很快将股价拉升至出货的目标价位。

下面举例分析快速拉升的盘面。

图10-17为天润乳业（600419）2016年4月15日的分时图。从图中可以看到，股价开盘后便迅速上冲至涨停板，成交量也配合明显增大。此后股价基本锁定在涨停板上，说明多头推动股价并维持股价在高位运行的能力十分强大，因此后市在很大程度上会继续上扬，投资者可以跟风追高买入。

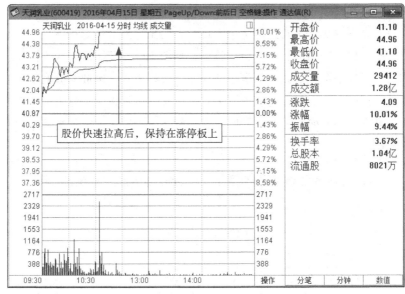

图 10-17 天润乳业（600419）分时图

　　该股的 K 线走势如图 10-18 所示，从图中可以看到，主力从 3 月中旬便开始拉抬股价，成交量也由前期的缩量逐渐转变为放量，显示市场资金的大笔进入，4 月 15 日分时图中股价在高位震荡，显示市场中看多力量具有压倒性优势，股价会大幅上涨。

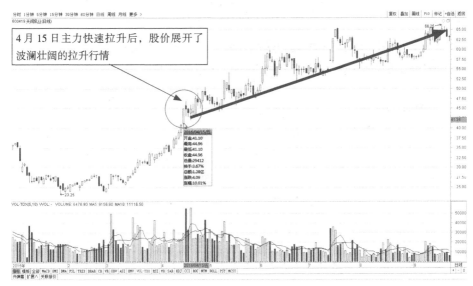

图 10-18 天润乳业（600419）K 线图

2. 平台拉升的盘面

平台拉升是指股价并不是连续地向上运行，而是在拉升一定程度后，在已给点位附近稍作休整，然后继续向上一个价位推进，如图10-19所示。因为主力手中的筹码有限，因此主力并不会抛售太多的筹码造成股价大幅下跌，因此从分时图上看，股价是以平台的形式向上迈进的，这就如同上台阶一样，股价是一个台阶比一个台阶高，所以平台拉升又称为台阶式拉升。同时，成交量在股价整体上涨的过程中也会出现温和放量的走势。

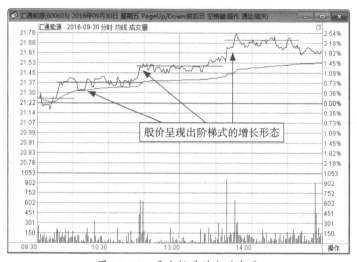

图 10-19　平台拉升的分时盘面

平台拉升体现了主力稳扎稳打的作风，与上一节的快速拉升形成对比，在此期间，分时线一般保持稳步上扬的态势，有时也会出现上下波动。

专家提醒

追求利润的最大化是主力的本质。主力参与过程中，需要调动巨额资金，发挥大量的人力、财力、物力，付出的成本相当高。有些资金是拆借来的，成本的费用更加高昂。花费如此高的代价，主力不可能是图名、好玩，而是为利而奔波。主力与散户相比，更想在市场中赚大钱，更想获取利润的最大化。

下面举例分析平台拉升的盘面。

图10-20为上海科技（600608）2016年9月13日的分时图。从图中可以看到，股价在早盘和盘中各经历了一波上涨行情，先后突破两个平台继续上扬。尾盘

前成交量也出现了明显的增长迹象，这说明主力资金在尾盘前开始稳定地向上推高股价。

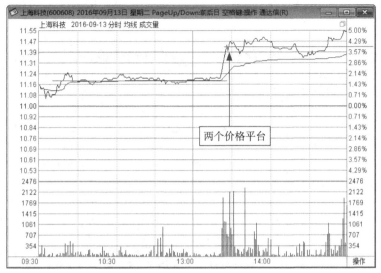

图 10-20　上海科技（600608）分时图

该股 K 线走势如图 10-21 所示，从图中可以看到，在股价拉升的过程中，主力在拉升一段时间后即展开横向整理，目的是对股价的过度上涨降温，消化掉一些获利盘后继续拉升。9 月 13 日分时图显示股价拉升后的回落同样也是此目的，随后股价直冲16.95 元高点。

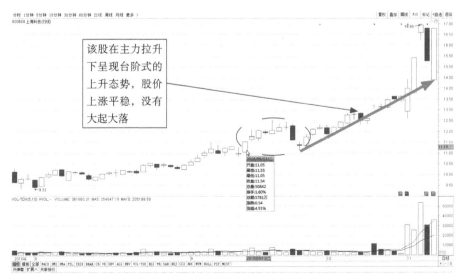

图 10-21　上海科技（600608）K 线图

3．震荡拉升的盘面

震荡拉升与平台拉升相类似，主力通常是边拉升边整理，以便清除市场中的不利因素，在分时图中，股价表现为强势上涨，或者经过一波回调后再行上涨，如图 10-22 所示。

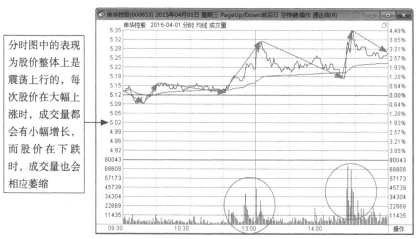

分时图中的表现为股价整体上是震荡上行的，每次股价在大幅上涨时，成交量都会有小幅增长，而股价在下跌时，成交量也会相应萎缩

图 10-22　震荡拉升的分时盘面

下面举例分析震荡拉升的盘面。

图 10-23 为嘉宝集团（600622）2016 年 6 月 27 日的分时图。从图中可以看到，股价在整体上扬的过程中，依然为震荡上行的走势，而且上涨趋势和下跌趋势是交替进行的，但是每次上涨都会超过前期高点，这也就奠定了主力拉升的格局。

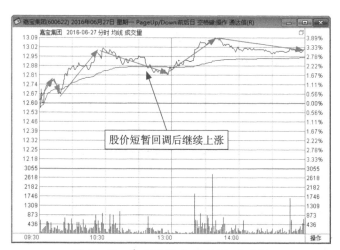

股价短暂回调后继续上涨

图 10-23　嘉宝集团（600622）分时图

该股K线走势如图10-24所示，从图中可以看到，主力在股价见底后采取了震荡拉升的手法，股价在拉升过程中被多次回调整理，但每次回调整理没有出现大幅下跌，股价在主力的拉升下由11.13元一直涨至17.84元。

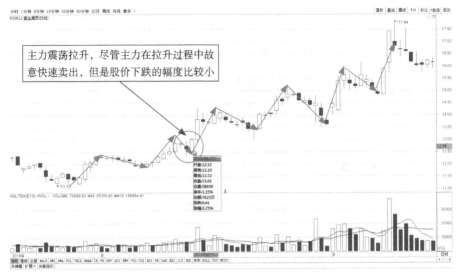

图10-24　嘉宝集团（600622）K线图

股价在上涨过程中，必定会有一些投资者纷纷入场跟风买入，这样搭乘主力这个顺风车的散户数量就会快速增长，因此主力必定会采用一些手法来清除这些跟风者。其中，常见的方式就是主力拉升股价时不是直线上扬，而是在拉升一定幅度后故意向下打低股价，使得一些胆小的投资者提前出场。

10.2.4　主力出货分时图盘面分析

主力将股价拉升到预期高位时就会抛售手中的筹码，为了能够顺利出货，通常会制造一些向好的股价形态误导场外资金追踪入场承接主力抛盘。因此，洞察主力出货的买卖手段，可以避免高位套牢。

1. 强势拉高出货的盘面

强势拉高出货又称诱多出货，是主力较为隐蔽的一种出货方式，采用这种出货方式的股票一般为强主力股，同时股票本身通常有较好的后续题材的配合。

主力拉高出货是比较常见的手法，拉高就吸引了部分投资者追高，然后主力突然出货，使大量投资者被套牢，在拉升过程中，分时线可能会出现短暂上涨的形态，如图10-25所示。

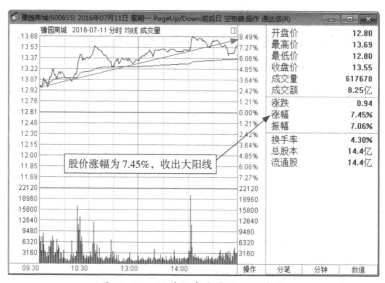

图 10-25　强势拉高出货的分时盘面

下面举例分析强势拉高出货的盘面。

图 10-26 为天地源（600665）2015 年 12 月 15 日的分时图。从图中可以看到，该股早盘高开后横向运行，在短暂的横盘后继续拉升，直至涨停板附近，显示市场十分强势。

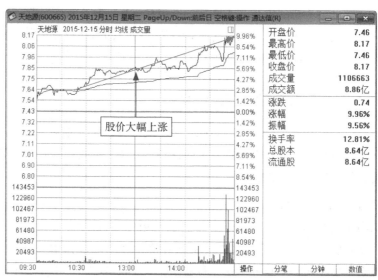

图 10-26　天地源（600665）分时图

该股 K 线走势如图 10-27 所示，从图中可以看到，该股前期小幅上涨，不久主力故意拉高股价，分时线 12 月 15 日也出现大幅上涨并收出一根大阳线，其实质是为了方便主力出货，随后股价便见顶大幅下跌。

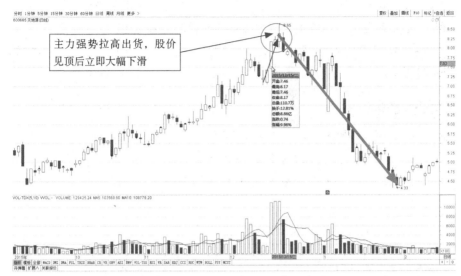

主力强势拉高出货，股价见顶后立即大幅下滑

图 10-27　天地源（600665）K 线图

2. 横盘暴跌出货的盘面

横盘暴跌出货是指主力利用股价在高位盘整筑顶阶段进行出货，一旦出货完成，股价后市将大幅下滑，此时分时图可能也会出现盘整的形态，但还是以下跌为主，如图 10-28 所示。

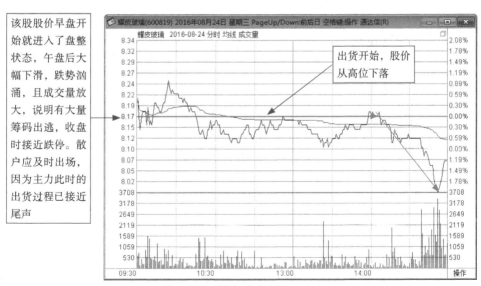

该股股价早盘开始就进入了盘整状态，午盘后大幅下滑，跌势汹涌，且成交量放大，说明有大量筹码出逃，收盘时接近跌停。散户应及时出场，因为主力此时的出货过程已接近尾声

出货开始，股价从高位下落

图 10-28　横盘暴跌出货的盘面

如果股价上涨的步伐在市场的高位开始停滞，而是进入一个横盘整理的走势中，则投资者一定要格外注意。因为主力有了较大的利润后，在市场的高位常常会进行出货的操作。为了避免散户能够识别主力出货的过程，主力会让股价在一定范围内上下震荡，不会让股价全力向下暴跌。当主力出货接近尾声时，股价也会从横盘的状态转入下跌的过程中。

专家提醒

当股价从横盘状态进入暴跌的行情中，成交量如果明显增大，就意味着市场中已经开始有大量的抛售出现，因此可以认定主力已经开始出货。而如果是主力整理，则成交量不会出现明显的增大，仅仅可能是略微增长而已。

3. 快速下行出货的盘面

股价在市场的高位时，分时线出现明显的下挫走势，如图 10-29 所示，则主力很可能已经开始出货，散户应该及时离场。快速下行出货是比较凶狠的手法，股价没有筑顶，主力便大量出货致使股价大幅下挫，像跳水般直线下滑，此时分时图也是以下跌为主导。

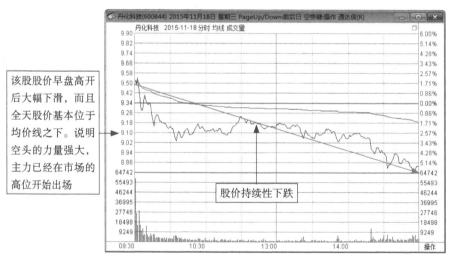

图 10-29　快速下行出货的盘面

4. 尾盘拉高出货的盘面

尾盘拉高是主力出货在分时图中留下的明显标志之一。图 10-30 为东方电气（600875）的分时图，该股股价低开后一直横盘整理，但是在尾盘，主力故意向上拉升，而且成交量出现了增大的走势，使得更多散户认为股价能够继续上扬，而且股价突破均价线时得到了成交明显放量的支持，但事实并非如此，这仅仅是主力出货使用的手段而已。

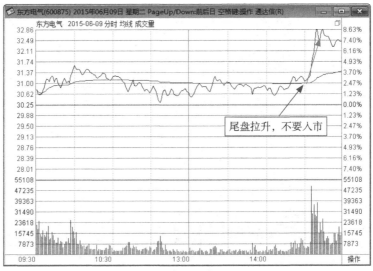

图 10-30 尾盘拉高出货的盘面

一般股价运行到市场的高位，个股有了较大的累计涨幅之后，主力必定会选择出货。而出货必定会导致股价在一定程度上出现下挫的走势，但这同时也会提醒投资者市场顶部的到来，引起更多的散户出场。因此，主力为了更顺利地出货，必定要让更多的散户停留在市场中来接住自己的抛盘，常常会在收盘前的最后一小时内，将股价向上拉升，造成股价在下一个交易日能够继续上扬的假象，使得更多的投资者停留在场内，甚至吸引场外的投资者进入做多。

专家提醒

主力买卖一只股票，首先要完成把资金转换为筹码的环节；其次把股价推高，再好的股票不变现，也只能是账面上的利润；最后把筹码转换为资金。主力比散户知道兑现的重要性、紧迫性、客观性，主力在高位必须再次完成筹码转换资金的环节，这是个真理。散户可以提前跑在主力前面出逃，千万不可为主力在山顶上站岗放哨。这样既不能获得报酬，而且还要使自己遭受损失。

5. 波浪下行出货的盘面

股价在市场的高位时，分时图中出现了明显的大幅波动，分时线有时大幅拉高，但有时又大幅下挫，整个分时线的波动十分剧烈和频繁，则很有可能是主力已经开始出货，如图 10-31 所示。

主力出货时往往不希望散户提前能够察觉，因此股价下挫到一定程度后会故意小幅拉高股价，使场外的投资者认为股价还能继续上扬，因此整个分时图中就会出现下跌与上涨交错进行的走势

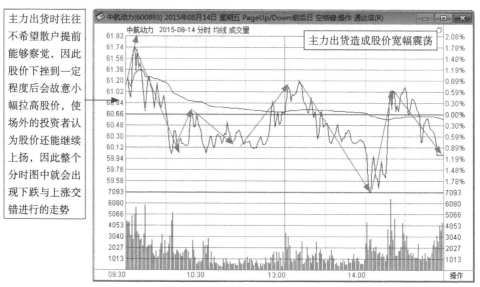

图 10-31　波浪下行出货的盘面

专家提醒

　　投资者需要注意的是，同一个主力在出货时使用的手法并不是固定不变的，有时也交替使用，具体使用哪一种手法要跟据大盘和个股本身的情况及主力自己的需要来定。上面所列举的几种出货方式，并不能完整地描述主力出货的所有细节，而且主力出货的手法也在不断更新，投资者切不能以"窥一斑而知全貌"的眼光去看待主力出货的问题。